essentials

essentials liefern aktuelles Wissen in konzentrierter Form. Die Essenz dessen, worauf es als „State-of-the-Art" in der gegenwärtigen Fachdiskussion oder in der Praxis ankommt. *essentials* informieren schnell, unkompliziert und verständlich

- als Einführung in ein aktuelles Thema aus Ihrem Fachgebiet
- als Einstieg in ein für Sie noch unbekanntes Themenfeld
- als Einblick, um zum Thema mitreden zu können

Die Bücher in elektronischer und gedruckter Form bringen das Fachwissen von Springerautor*innen kompakt zur Darstellung. Sie sind besonders für die Nutzung als eBook auf Tablet-PCs, eBook-Readern und Smartphones geeignet. *essentials* sind Wissensbausteine aus den Wirtschafts-, Sozial- und Geisteswissenschaften, aus Technik und Naturwissenschaften sowie aus Medizin, Psychologie und Gesundheitsberufen. Von renommierten Autor*innen aller Springer-Verlagsmarken.

Weitere Bände in der Reihe http://www.springer.com/series/13088

Cordelia Friesendorf ·
Sabrina Lüttschwager

Digitale Gesundheitsanwendungen

Assessment der Ärzteschaft zu Apps
auf Rezept

 Springer

Cordelia Friesendorf
International School of Management
Hamburg, Deutschland

Sabrina Lüttschwager
Hamburg, Deutschland

ISSN 2197-6708   ISSN 2197-6716   (electronic)
essentials
ISBN 978-3-658-33982-1   ISBN 978-3-658-33983-8   (eBook)
https://doi.org/10.1007/978-3-658-33983-8

Die Deutsche Nationalbibliothek verzeichnet diese Publikation in der Deutschen Nationalbibliografie; detaillierte bibliografische Daten sind im Internet über http://dnb.d-nb.de abrufbar.

Planung/Lektorat: Anna Krätz
Springer ist ein Imprint der eingetragenen Gesellschaft Springer Fachmedien Wiesbaden GmbH und ist ein Teil von Springer Nature.
Die Anschrift der Gesellschaft ist: Abraham-Lincoln-Str. 46, 65189 Wiesbaden, Germany

Was Sie in diesem *essential* finden können

- Status Quo: Digitale Gesundheitsanwendungen (DiGA) bzw. Apps auf Rezept
- Gestaltung und rechtlicher Aufbau des Digitale-Versorgung-Gesetzes
- Akteure des Gesundheitssystems und deren Einstellung zu digitalem Gesundheitswesen
- Analysen der Präferenzen und Tendenzen der Ärzteschaft in Deutschland
- Rahmenbedingungen, Aussichten und Empfehlungen, die den DiGA-Umsetzung-Erfolg bestimmen

Inhaltsverzeichnis

Über die Autoren

Prof. Dr. Cordelia Friesendorf ist Professorin für Finanz- und Wirtschaftswissenschaften, insbesondere Innovation Management, Finanzierung, Unternehmensstrategie und -führung an der International School of Management (ISM) in Hamburg. Sie ist Studiengangleiterin für Internationales Management sowie Finance and Management in Hamburg und ist zusätzlich als Strategieberaterin Transformation und Leadership tätig. Prof. Dr. Friesendorf promovierte über Europäische Finanzmarktintegration am Jean Monnet Centre of Excellence an der Freien Universität zu Berlin. Ihre Forschungsarbeit wurde mit dem Verein Berliner Kaufleute und Industrieller ‚Europa Preis' im Jahr 2011 ausgezeichnet.

Forschung- und Managementerfahrungen sammelte Prof. Dr. Cordelia Friesendorf u. a. als Prodekanin/Direktorin der ISM Hamburg, Economic Advisor des Auswärtigen Amts der Britischen Regierung, Division Head an der Oxford University Press sowie als Teamleiterin in Tata Energy. Sie ist Gastprofessorin an INSEEC, Toulouse Business School, Groupe sup de La Rochelle sowie an der Haaga Helia Universität. Sie bietet Workshops für Ministerien und Unternehmen an. Zudem ist Prof. Dr. Friesendorf Autorin und Keynote-Speaker.

Sabrina Lüttschwager ist Studierende der Humanmedizin an der Medizinischen Universität Graz. Zuvor arbeitete sie fast fünf Jahre, nach vorheriger Ausbildung zur Groß- und Außenhandelskauffrau, bei der OTTO GmbH & Co. KG. Als Content-Managerin betreute sie Schlüssellieferanten, baute Marken auf und entwickelte diese strategisch weiter. Parallel zu ihrer Tätigkeit absolvierte sie ein Studium des International Managements an der ISM in Hamburg, das sie mit dem Bachelor of Arts abschloss. Ihr Interesse für wirtschaftliche Zusammenhänge und medizinische Themen zeigte sich schon früh. Im Rahmen eines Freiwilligen Sozialen Jahres nach dem Abitur arbeitete sie für ein Jahr bei dem vom

Bundesministerium für wirtschaftliche Zusammenarbeit und Entwicklung geförderten Programm „weltwärts" in einem AIDS Waisenprojekt in Tansania mit. In dem Projekt übernahm Sie eine Reporting Funktion und dokumentierte die Entwicklung geförderter „Small Income Projects" und Hausbau-Projekte.

Das Gesundheitssystem in Deutschland

1

1.1 Grundprinzipien des Gesundheitssystems

Das deutsche Gesundheitssystem basiert auf fünf Grundprinzipien.

Erstens besteht eine *Versicherungspflicht,* d. h. alle in Deutschland ansässigen Bürger sind verpflichtet, einen Krankenversicherungsschutz abzuschließen. Dabei sind Arbeitnehmer in der GKV pflichtversichert, wenn ihr Einkommen die Versicherungspflichtgrenze nicht überschreitet, welche 2020 bei 5212,50 € monatlich lag. Selbständige und Beamte sind jedoch von der Versicherungspflicht in der GKV ausgenommen.

Zweitens finanzieren sich sowohl die GKV wie auch die private Krankenversicherung (PKV) über die *Beiträge ihrer Mitglieder* und zwar bei der GKV abhängig vom Einkommen des Mitglieds und bei der PKV nach individueller vertraglicher Vereinbarung unter Berücksichtigung von Kriterien wie dem Alter, Vorerkrankungen und dem Eintrittsalter. Der GKV-Beitrag liegt derzeit bei 14,6 % des Brutto-Einkommens zuzüglich eines je nach Krankenkasse unterschiedlichen Zusatzbeitrags und wird hälftig von Arbeitgeber und Arbeitnehmer finanziert.

Drittens gilt das *Solidaritätsprinzip,* d. h. jeder gesetzlich Versicherte hat unabhängig von seinem Einkommen den gleichen Anspruch auf medizinische Versorgung. Es findet also eine Art Lastenausgleich statt. Dieser Grundgedanke fußt auf dem Sozialstaatsprinzip aus Art. 20 I GG.

Viertens gibt es das *Sachleistungsprinzip,* d. h. gesetzlich Versicherte werden behandelt, ohne dafür in finanzielle Vorleistung gehen zu müssen.

Schließlich besteht fünftens das *Selbstverwaltungsprinzip.* Der Staat gibt dabei lediglich die Rahmenbedingungen für die medizinische Versorgung vor und

© Der/die Autor(en), exklusiv lizenziert durch Springer Fachmedien Wiesbaden GmbH, ein Teil von Springer Nature 2021
C. Friesendorf und S. Lüttschwager, *Digitale Gesundheitsanwendungen,* essentials, https://doi.org/10.1007/978-3-658-33983-8_1

erlässt die entsprechenden Gesetze. Die Organisation und Ausgestaltung im Einzelnen wird innerhalb des Gesundheitswesens, d. h. durch Vertreter der Ärzte-, Zahnärzte- und Psychotherapeutenschaft, der Krankenhäuser, Krankenkassen und Versicherten gemeinsam verantwortet.

Das oberste Gremium der Selbstverwaltung ist der Gemeinsame Bundesausschuss (BMG-Paper 2020). Dort verhandeln Kassenärztliche Bundesvereinigung (KBV), Kassenzahnärztliche Bundesvereinigung (KZBV), Krankenkassen, Krankenhäuser und Patientenvertreter den Leistungskatalog sowie die Vergütung. Die Kassenärztlichen Vereinigungen bearbeiten zudem die Abrechnungen zwischen Praxen und Krankenkassen. Im Einzelnen erfolgt also eine Rahmensetzung durch staatliche Vorgaben, also durch Bund, Länder und Kommunen entlang der föderalen Struktur. Dieser Rahmen wird durch die Selbstverwaltung mit ihren Körperschaften und Verbänden ausgestaltet. Schließlich erfolgt die konkrete Versorgung durch Krankenkassen und die jeweiligen Leistungserbringer, welche in Verbänden organisiert sind. Finanziert wird die GKV über den Gesundheitsfonds. Er sammelt die Beiträge der GKV-Mitglieder, der Arbeitgeber und der anderen Sozialversicherungsträger sowie ein Bundeszuschuss und stellt den Krankenkassen die Mittel zur Verfügung, die sie benötigen, um die Leistungen für ihre Versicherten zu finanzieren (Abb. 1.1).

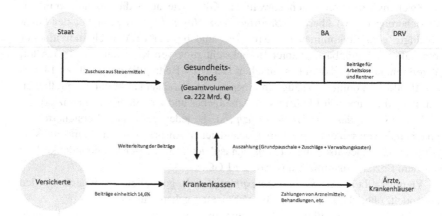

Abb. 1.1 GKV Finanzierung über Gesundheitsfonds, eigene Illustration angelehnt an BMG

1.2   Wirtschaftliche und sozialpolitische Bedeutung

Das Gesundheitssystem stellt einen äußerst relevanten Teil der deutschen Volkswirtschaft dar und zwar sowohl hinsichtlich der umgesetzten Leistungen als auch als Arbeitsmarkt. Gesundheitsausgaben machten im Jahr 2019 in Deutschland 11,7 % des Bruttoinlandsprodukts (BIP) aus, welches etwa 3436 Mrd. € betrug, sodass knapp 402 Mrd. € für Gesundheitsleistungen ausgegeben worden sind (OECD 2021). Dies bedeutet tägliche Ausgaben von etwa 1,1 Mrd. € für Gesundheitsleistungen. Diese Zahlen führen die volkswirtschaftliche Relevanz von GKV-finanzierten Gesundheitsleistungen vor Augen, wenn man berücksichtigt, dass 2018 der größte Anteil der Versicherten mit 87,7 % (72,8 Mio. Versicherte) durch die GKV versichert war. Lediglich 10,5 % (8,7 Mio. Versicherte) waren privat und 1,8 % (1,8 Mio. Versicherte) als Sozialhilfeempfänger, Kriegsschadenrentner, Unterhaltshilfeempfänger aus dem Lastenausgleich, Heilfürsorgeempfänger der Polizei und Bundeswehr oder (trotz Versicherungspflicht) nicht krankenversichert. Abb. 1.2 zeigt die Einteilung der Versicherten nach Versicherungsart.

Als Arbeitsmarkt genießt das Gesundheitswesen mit etwa 5,7 Mio. Beschäftigten ebenfalls einen überragenden Stellenwert. Bei circa 45 Mio. Beschäftigten in Deutschland ergibt das somit 12,7 % der hierzulande Beschäftigten. Durchschnittlich fanden 2018 in Deutschland 9,9 Arztkonsultationen pro Person statt, was die

Krankenversicherungsschutz der Bevölkerung 2018

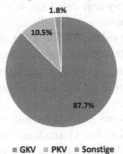

GKV   PKV   Sonstige

Abb. 1.2 Einteilung der Versicherten nach Versicherungsart, eigene Illustration angelehnt an BMG

vorhandene Infrastruktur erklärt. In Deutschland existieren rund 1900 Krankenhäuser, 150.000 Ärzte, 28.000 ambulant tätige Psychotherapeuten sowie 19.500
Apotheken.

Das *Sozialstaatsprinzip* aus Art. 20 I GG und die Menschenwürde aus Art. 1
GG garantieren in Deutschland die Zurverfügungstellung einer Gesundheitsver-
sorgung als Grundvoraussetzung des menschlichen Daseins und eines Lebens in
Würde. Ziele der Gesundheitspolitik sind daher Prävention, gleicher Zugang aller
Bürger zu notwendiger medizinischer Versorgung, Versorgung in bestmöglicher
Qualität und unter Beachtung der Menschenwürde und des Selbstbestimmungs-
rechts sowie Kosteneffizienz und gute Arbeitsbedingungen im Gesundheitswesen.

Für diese Zielerreichung ist auf Ebene der Exekutive das Bundesgesundheits-
ministerium (BMG) zuständig. Genau genommen findet sich Gesundheitspolitik
jedoch vielmehr in jedem Politikbereich, denn auch nicht gesundheitsspezifische
Themen wie Agrar- und Wohnraumpolitik, öffentliche Sicherheit und Bildungs-
politik haben einen signifikanten Einfluss auf die Bevölkerungsgesundheit (Leppo
et al. 2013). Die Grenzen der Gesundheitspolitik sind also fließend und Gesundheitspolitik ubiquitär. Wie in jedem Politikfeld versuchen Akteure, die von
politischen Entscheidungen berührt werden, durch Lobbying, insbesondere durch
Kontakt zu und Informationsaustausch mit politischen Entscheidungsträgern und
Öffentlichkeitsarbeit, Einfluss zu nehmen.

1.3   Akteure des Gesundheitssystems

Akteure und Stakeholder im System des deutschen Gesundheitswesens sind die
Leistungsempfänger bzw. Patienten, die *Leistungserbringer* (Ärzte, Apotheker,
Zahnärzte, Pflegepersonal und sonstige Heilberufe), die *Leistungsfinanzierer* (Ver-
sicherte, Arbeitgeber und Selbstzahler), die *Leistungsträger* (Kranken-, Unfall-,
Pflege- und Rentenversicherung, Beihilfestellen sowie die Kassenärztlichen Ver-
einigungen) sowie letztlich der *Staat* und die jeweiligen *Interessenverbände bzw.
Lobbygruppen.*

In diesem System finanzieren Versicherte und Arbeitgeber über ihre Versi-
cherungsbeiträge bei der GKV den Gesundheitsfonds, welcher wiederum den
Krankenkassen die Mittel zur Verfügung stellt, um über die Kassenärztlichen Vereinigungen mit den Leistungserbringern abzurechnen. Zu einem gewissen Grad
sind damit die Interessen der verschiedenen Stakeholder gegenläufig, da nur
begrenzte Mittel im System zur Verfügung stehen und damit ein (staatlich regu-
lierter) Wettbewerb um diese Mittel entsteht. Beispielsweise möchten Ärzte gerne

so viel wie möglich für ihre Leistungen abrechnen, die Sozialversicherungsträger können aber ihre Mitgliedsbeiträge nicht beliebig erhöhen und müssen daher mit ihren Mitteln haushalten. Es muss also ein Kompromiss für die Abrechnungspositionen gefunden werden, bei welchem die Ärzte genug verdienen, um wirtschaftlich arbeiten zu können, die Sozialversicherungsträger nicht langfristig defizitär wirtschaften, die Leistungsempfänger die Beiträge noch stemmen können und trotzdem jede Erkrankung bestmöglich und bei jedem Erkrankten behandelt werden kann.

Das deutsche Gesundheitswesen ist dabei grundsätzlich mit seinem Solidargedanken sehr patientenfreundlich, da einem jeden Bürger die gleiche und im internationalen Vergleich sehr gute Behandlung zukommt. Allerdings wird der oben genannte „Kampf um die Ressourcen des Gesundheitswesens" durch einige Entwicklungen wesentlich verschärft. Darunter fällt etwa der *demografische Wandel,* welcher die umlagebasierte Finanzierung der GKV zunehmend erschwert, da immer weniger Mittel für immer mehr benötigte Leistungen zur Verfügung stehen. Gleichzeitig kann allerdings die Vergütung der Leistungserbringer nicht grenzenlos verringert werden, da sich zudem das Problem des *Fachkräftemangels* stellt und sich bei weiter verringernder Vergütung noch deutlich verschärfen dürfte. Hinzu kommt, dass bereits jetzt eine *Unterversorgung strukturschwacher Regionen* besteht, da nicht ausreichend Leistungserbringer gewonnen werden können, um die dortige Versorgung noch sicherzustellen. Schließlich stellen auch die vielen *Ausnahmen im Solidarsystem* eine Herausforderung dar. Gerade tendenziell wohlhabendere Menschen können sich dem Solidarsystem als Beamte oder durch Wechsel in die PKV entziehen und tragen so zur Umlagefinanzierung nicht bei.

Heute schon und wohl noch viel mehr in der Zukunft dürften die Interessen aller Stakeholder daher durch einen zunehmenden Verteilungskampf beeinträchtigt werden.

Literatur

BMG (2020): Das deutsche Gesundheitssystem, Druck-und Verlagshaus Zarbock, Berlin, Frankfurt am Main.

Leppo, K.; Ollila, E.; K. Leppo, Ollila, E.; Peña, S.; Wismar, M.; Cook, S. (2013): Health in all policies: seizing opportunities, implementing policies. Ministry of Social Affairs and Health, Finland: Helsinki 2013.

OECD (2021): Health expenditure and financing https://stats.oecd.org/Index.aspx?DataSetCode=SHA aufgerufen am 09.01.2021.

Aufgabe des Digitale-Versorgung-Gesetz

2

2.1 Initiative ‚Digital' des Gesetzgebers

DiGA als Teil des DVG bieten sowohl die Chance eines „remote treatments" als auch eine Versorgung ohne menschliches Zutun. Außerdem begleiten sie den Patienten potenziell rund um die Uhr. Sie bieten also eine Chance für unsere Gesellschaft, die oben geschilderten Herausforderungen des Kostendrucks in der GKV, der Unterversorgung strukturschwacher Regionen und des Fachkräftemangels zu adressieren und einen Teil zu ihrer Bewältigung beizutragen. Aus diesem Grunde hat sich die Bundesregierung unter Federführung des BMG dazu entschlossen, einen Gesetzesentwurf über den Bundestag einzubringen.

Dieser enthielt neben der Einführung der DiGA auch die Förderung der flächendeckenden Verbreitung der elektronischen Patientenakte als Teil der Telematik-Infrastruktur durch Schaffung entsprechender Verpflichtungen sowie die Förderung der Telemedizin, etwa auch durch Schaffung einer extrabudgetären Vergütung. Gründe der Opposition für die Ablehnung des Antrags waren insbesondere Datenschutzbedenken, Kritik an der Finanzierung der DiGA während der vorläufigen Aufnahme in das DiGA-Verzeichnis ohne medizinischen Nutzennachweis, die Schwächung des Selbstverwaltungsprinzips durch Übertragung der Aufsicht an das Bundesinstitut für Arzneimittel und Medizinprodukte (BfArM) sowie eine befürchtete Mehrbelastung der GKV.

Treiber des DVGs im Sinne von Erfolgskriterien stellen einerseits die Anträge der App-Entwickler dar, weil die Idee des Gesetzgebers zur Innovationsförderung von Innovationsschaffenden abhängig ist. Besteht aber erst einmal ein Angebot und ein Wettbewerb um diesen Markt, so ist der Erfolg dieses Konzepts maßgeblich davon abhängig, ob die entsprechenden DiGA auch verschrieben

© Der/die Autor(en), exklusiv lizenziert durch Springer Fachmedien Wiesbaden GmbH, ein Teil von Springer Nature 2021
C. Friesendorf und S. Lüttschwager, *Digitale Gesundheitsanwendungen*, essentials, https://doi.org/10.1007/978-3-658-33983-8_2

Abb. 2.1 Gatekeeper Funktion der Ärzteschaft, eigene Illustration angelehnt an McKinsey

werden, denn nur dann ist ihr Absatz hinreichend wahrscheinlich. Zwar könnte ein Patient auch auf eigene Rechnung eine solche DiGA erwerben. Dies scheint aber eher unwahrscheinlich, wenn grundsätzlich die Möglichkeit der Finanzierung über die GKV besteht. Außerdem werden Patienten oftmals erst durch ihre behandelnden Ärzte auf entsprechende Behandlungsmöglichkeiten aufmerksam gemacht. Kurz gesagt: Dem Arzt kommt hinsichtlich der „Apps auf Rezept" eine *Gatekeeper-Funktion* zu. Diese Funktion stellt in volks- und betriebswirtschaftlicher Perspektive das Nadelöhr für den Erfolg der DiGA dar. Es entscheidet darüber, ob sich die Ideen des DVGs tatsächlich langfristig durchsetzen können wird und ob der Staat insofern mit seinem Regelungskonzept erfolgreich sein kann. Damit kommt es also maßgeblich auf die Einstellung der Ärzteschaft an, welche im Folgenden im Zentrum dieses Buches steht. Abb. 2.1 illustriert die Gatekeeper Funktion.

Es handelt sich dabei auch nicht um eine rechtliche oder medizinische Frage. Der tatsächliche Erfolg eines Regelungskonzepts kann weder durch Gesetz noch Rezept „verordnet" werden. Vielmehr ist dieser von der voraussichtlichen Akzeptanz einer Innovation bei seiner Zielgruppe (hier: Patienten und Gatekeeper) abhängig.

2.2 Rechtlicher Ausgangspunkt

Da es sich bei dem DVG um ein Gesetz handelt, wird an dieser Stelle der rechtliche Ausgangspunkt und in diesem Rahmen die rechtliche Systematik aufgezeigt. Das DVG hat einen Teilbereich des Sozialgesetzbuch V (SGB V) reformiert, welches wiederum das Recht der gesetzlichen Krankenversicherungen regelt. Im Einzelnen ist mit § 33a I 1 SGB V der Anspruch der gesetzlich Krankenversicherten auf Versorgung mit DiGA eingeführt worden. Diese sind dort als Medizinprodukte niedriger Risikoklasse, deren Hauptfunktion wesentlich auf digitalen Technologien beruht und die dazu bestimmt sind, die Erkennung, Überwachung, Behandlung oder Linderung von Krankheiten oder die Erkennung, Behandlung, Linderung oder Kompensierung von Verletzungen oder Behinderungen zu unterstützen legal definiert.

In § 33a I 2 SGB V sind allerdings einschränkende Voraussetzungen für das Bestehen des oben genannten Anspruchs aufgeführt. Zum einen muss gem. § 33a I 2 Nr. 1 SGB V das BfArM die DiGA in das Verzeichnis nach § 139e SGB V aufgenommen haben. Zum anderen muss die Verordnung des behandelnden Arztes oder des behandelnden Psychotherapeuten oder eine Genehmigung der Krankenkasse vorliegen, d. h. die Anwendung muss rezeptiert worden sein. Nach § 33a I 3 SGB V ist für die Genehmigung das Vorliegen der medizinischen Indikation nachzuweisen, für die die digitale Gesundheitsanwendung bestimmt ist.

Es kommt für die Erstattungsfähigkeit damit entscheidend auf die Aufnahme in das Verzeichnis nach § 139e SGB V an. Voraussetzung für die Aufnahme einer Anwendung ist gem. § 139e II 1 und 2 SGB V neben einem Antrag des Herstellers beim BfArM die Erbringung von Nachweisen über drei Punkte. Erstens muss die Anwendung den Anforderungen an Sicherheit, Funktionstauglichkeit und Qualität des Medizinproduktes entsprechen. Zweitens muss sie den Anforderungen an den Datenschutz entsprechen und die Datensicherheit nach dem Stand der Technik gewährleisten. Und drittens muss sie einen positiven Versorgungseffekt aufweisen. Dieser ist in § 139e II 3 SGB V definiert als entweder ein medizinischer Nutzen oder eine patientenrelevante Struktur- und Verfahrensverbesserung in der Versorgung.

Insofern hat der Gesetzgeber in § 139e IX 1 Nr. 2 SGB V eine Gesetzesgrundlage geschaffen, die das BMG ermächtigt, Einzelheiten zu den Anforderungen an den Nachweis eines positiven Versorgungseffektes durch Rechtsverordnung zu regeln. Einschränkend ist lediglich in § 139e IX 2 SGB V vorgegeben, dass die Regelungen unter Berücksichtigung der Grundsätze der evidenzbasierten Medizin zu erfolgen haben. Das BMG hat von dieser Ermächtigung durch den Erlass der Verordnung über das Verfahren und die Anforderungen zur Prüfung der Erstattungsfähigkeit von DiGA in der gesetzlichen Krankenversicherung Gebrauch gemacht, welche am 20.04.2020 in Kraft getreten ist. Darin legt es im Wesentlichen fest, woran in Zukunft der Nutzen der „Apps auf Rezept" gemessen werden soll.

So finden sich in § 8 DiGAV Legaldefinitionen des medizinischen Nutzens und der patientenrelevanten Struktur- und Verfahrensverbesserungen. Nach § 8 II DiGAV ist der medizinische Nutzen ein patientenrelevanter Effekt insbesondere hinsichtlich der Verbesserung des Gesundheitszustands, der Verkürzung der

Krankheitsdauer, der Verlängerung des Überlebens oder einer Verbesserung der Lebensqualität. Gem. § 8 III DiGAV sind patientenrelevanten Struktur- und Verfahrensverbesserungen im Rahmen der Erkennung, Überwachung, Behandlung oder Linderung von Krankheiten oder der Erkennung, Behandlung, Linderung oder Kompensierung von Verletzungen oder Behinderungen auf eine Unterstützung des Gesundheitshandelns der Patientinnen und Patienten oder eine Integration der Abläufe zwischen Patientinnen und Patienten und Leistungserbringern ausgerichtet.

Sie umfassen insbesondere die Bereiche der Koordination der Behandlungsabläufe, Ausrichtung der Behandlung an Leitlinien und anerkannten Standards, Adhärenz, Erleichterung des Zugangs zur Versorgung, Patientensicherheit, Gesundheitskompetenz, Patientensouveränität, Bewältigung krankheitsbedingter Schwierigkeiten im Alltag oder Reduzierung der therapiebedingten Aufwände und Belastungen der Patienten und ihrer Angehörigen. Zum Nachweis dieser positiven Versorgungseffekte muss der Antragsteller wissenschaftliche Vergleichsstudien vorlegen, die einen messbaren Effekt im oben genannten Sinne im Vergleich zur Kontrollgruppe belegt.

Außerdem sind in den §§ 3–5 DiGAV die Anforderungen an Sicherheit und Funktionstauglichkeit, Datenschutz und Datensicherheit sowie Qualität der Anwendungen geregelt. Nach § 3 I DiGAV gelten die Anforderungen an Sicherheit und Funktionstauglichkeit durch eine CE-Konformitätskennzeichnung für Medizinprodukte grundsätzlich als erfüllt. Nach § 4 I DiGAV müssen Anbieter die gesetzlichen Vorgaben des Datenschutzes und die Anforderungen an die Datensicherheit nach dem Stand der Technik unter Berücksichtigung der Art der verarbeiteten Daten und der damit verbundenen Schutzstufen sowie des Schutzbedarfs gewährleisten. Außerdem regelt § 5 DiGAV die Anforderungen an die Qualität der Anwendungen und bestimmt Vorgaben zur Bedienbarkeit, Störungsfreiheit und Barrierefreiheit von Apps sowie insbesondere an die Interoperabilität von Anwendungen (§ 5 I DiGAV), also die Fähigkeit unterschiedlicher Systeme, möglichst nahtlos zusammenzuarbeiten (vgl. Duden, Interoperabilität).

Damit die Apps nach Antragstellung in das DiGA-Verzeichnis aufgenommen werden, müssen sie einen mehrstufigen Aufnahmeprozess bestehen, welcher sich als „Fast-Track-Verfahren" gestaltet und eine 3-monatige Prüfungsphase nach Antragstellung vorsieht, innerhalb derer die Erfüllung der Anforderungen des § 139e II 1 und 2 SGB V geprüft wird. Abb. 2.2. stellt das Verfahren dar.

Nach § 139e IV SGB V in Verbindung mit § 17 DiGAV ist auch die Aufnahme in das DiGA-Verzeichnis zur Erprobung möglich, d. h. wenn die Erfüllung der oben genannten Anforderungen mangels ausreichender Datenpunkte nicht durch

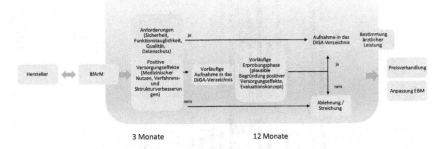

Abb. 2.2 Ablauf des Fast-Track-Verfahrens, eigene Darstellung angelehnt an BfArM

entsprechende Studien belegt werden kann. Dann ist eine einjährige, im Ausnahmefall auch eine zweijährige Aufnahme in das DiGA-Verzeichnis möglich nach deren Ablauf dann entsprechende Datensätze bei den Anbietern vorliegen sollen, sodass eine abschließende Prüfungsentscheidung möglich ist. Abb. 2.3 zeigt die Zulassungsschritte.

Die Neuerungen rund um den Versorgungsanspruch aus § 33a SGB V werden durch den Grundsatz der Förderung der digitalen Gesundheitskompetenz in § 20k SGB V abgesichert. Das BfArM definiert eine DiGA in seinem Leitfaden nach § 139e VIII SGB V als Medizinprodukt der Risikoklasse I oder IIa nach Medical Device Regulation (MDR), dessen Hauptfunktion auf digitalen Technologien beruht und wesentlich zur Erreichung eines medizinischen Zwecks beiträgt, das nicht lediglich dem Auslesen oder Steuern eines Gerätes dient und die Erkennung, Überwachung, Behandlung oder Linderung von Krankheiten oder die Erkennung, Behandlung, Linderung oder Kompensierung von Verletzungen oder Behinderungen unterstützt sowie nicht der Primärprävention dient. Dabei wird die DiGA vom Patienten und vom Leistungserbringer gemeinsam genutzt, sodass Anwendungen, die lediglich vom Leistungserbringer zur Behandlung von Patienten eingesetzt werden, keine DiGA darstellen (BfArM 2020a). Ein bloß passives Sammeln von Gesundheitsdaten erfüllt ebenfalls nicht die Anforderungen an eine DiGA. Der Patient muss vielmehr aktiv mit dem Gerät interagieren.

Neben der Software kann eine DiGA auch Geräte, Sensoren oder andere Hardware nutzen, solange die Hauptfunktion überwiegend digital ist, die Hardware für die Erreichung des Behandlungszwecks notwendig ist und es sich bei der Hardware nicht um privat zu finanzierende Gegenstände des täglichen Lebens handelt. Weiterhin ist eine DiGA von Dienstleistungen abzugrenzen, welche zwar

Entwickler beantragt die Aufnahme in das DiGA-Verzeichnis nach §139e SGB V	BfArM prüft die Erfüllung der Anforderungen	App wird vorläufig in das DiGA-Verzeichnis aufgenommen	App wird bis zu 12 Monate in der Regelversorgung erprobt	App wird dauerhaft in das DiGA-Verzeichnis aufgenommen
Voraussetzungen: • Digitale Technologie • Einordnung in die MDR-Risikoklassen I oder IIa • Anwendung zur Erkennung, Behandlung, Linderung von Krankheiten, Verletzungen oder Behinderungen' Positive Versorgungseffekte • Medizinischer Nutzen • Verfahrens- und Strukturverbesserungen in der Versorgung	Allgemeine Anforderungen, u.a. • Medizinische Sicherheit • Qualität • Funktionstauglichkeit • Datenschutz/-sicherheit Positive Versorgungseffekte • Medizinischer Nutzen • Verfahrens- und Strukturverbesserungen in der Versorgung	Aufnahme einer App, deren positive Versorgungseffekte noch nicht nachgewiesen sind, erfolgt vorläufig, sofern • Positive Versorgungseffekte plausibel begründet werden • Ein Evaluationskonzept einer unabhängigen wissenschaftlichen Einrichtung vorliegt • Der Entwickler die Kosten der Evaluation trägt	Während dieser Probephase erfolgt • Preisfestsetzung durch den Entwickler (unter Beachtung ggf. vereinbarter Höchstbeiträge) • Vergütung ärztlicher Leistungen durch die Krankenkassen • Laufende Evaluation der Wirksamkeit durch eine wissenschaftliche Einrichtung	Dies beinhaltet • Preisverhandlung mit dem GKV-Spitzenverband • Bei erfolglosen Verhandlungen nach einem Jahr nach vorläufiger Aufnahme Einschaltung der Schiedsstelle (innerhalb von 3 Monaten)

Abb. 2.3 DiGA-Zulassung nach dem Fast-Track-Verfahren, eigene Darstellung angelehnt an McKinsey

im Zusammenhang mit deren Nutzung angeboten werden können, die aber für die Erstattung nicht berücksichtigt werden. Der Nachweis des positiven Versorgungseffekts muss daher ohne den Einsatz begleitender Dienstleistungen erbracht werden. Vertragsärztliche Leistungen werden allerdings von der GKV als Teil der ärztlichen Vergütung bezahlt und sind daher auch in den Nachweis positiver Versorgungseffekte eingeschlossen.

DiGA sind schließlich auch von telemedizinischen Maßnahmen im Allgemeinen abzugrenzen. Letztere können zwar grundsätzlich Bestandteil einer DiGA sein, solange die Hauptfunktion überwiegend auf digitalen Technologien beruht, allerdings ist eine rein telemedizinische Plattform nicht zulässig.

2.3   Status Quo nach Einführung der DiGA

Die Antragstellung zur Aufnahme in das DiGA-Verzeichnis ist seit Anfang Juni 2020 möglich. Startzeitpunkt der Aufnahme ins DiGA-Verzeichnis war der Oktober 2020. Deutschland befindet sich mit den „Apps auf Rezept" in einer Vorreiter-Rolle, denn bisher verfügt kein weiteres Land weltweit über digitale Anwendungen (Apps) im Gesundheitssystem. Abb. 2.4 zeigt die Idee dieser Umsetzung.

Insgesamt sind anfangs, d. h. mit Stand vom 6. Oktober 2020 beim BfArM 27 Anträge auf Aufnahme in das DiGA-Verzeichnis eingegangen. Dabei sind folgende Anwendungen im DiGA-Verzeichnis aufgenommen worden: Kalmeda für die Behandlung von Tinnitus und Velibra für die Therapie von Angst-Attacken am 6. Oktober 2020, sowie Somnio zur Behandlung nichtorganischer Insomnie am 22. Oktober 2020. Kalmeda wurde bisher lediglich vorläufig aufgenommen, während die anderen beiden Applikationen bereits einen dauerhaften Platz im DiGA-Verzeichnis für sich beanspruchen können (BfArM 2020a). Seit dem 15. Oktober 2020 können die Anwendungen verordnet werden (BfArM 2020b).

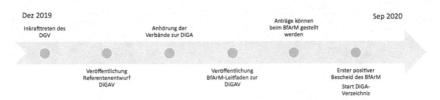

Abb. 2.4 Umsetzung des Fast-Track-Verfahrens, eigene Darstellung angelehnt an BfArM

Bis zum 24. Dezember 2020 hat sich die beim BfArM eingegangene Anzahl von Anträgen auf Prüfung bereits auf 48 erhöht. Zu dem Zeitpunkt wurden neun Apps in das DiGA-Verzeichnis aufgenommen, ein Antrag wurde negativ beschieden, 17 wurden zurückgezogen und 21 sind in Bearbeitung. Aktuell sind zum 2. Januar 2021 bereits 10 Apps, entweder dauerhaft oder vorläufig, in das DiGA-Verzeichnis aufgenommen worden. Die App Elvedia wurde als einzige weitere App neben Somnio und Velibra dauerhaft aufgenommen. Sie wird zur Behandlung von Multipler Sklerose eingesetzt. Zu den weiteren Apps, die bisher nur vorläufig aufgenommen wurden, gehört unteranderem Invirto, welche Platzangst, soziale Phobien und Panikstörung behandeln soll. Des Weiteren wurde M-Sense vorläufig angenommen, das zur Migräne-Therapie dient. Rehappy wird unter anderem bei Ischämie, Blutungen, Hirninfarkt, Schlaganfall verschrieben. Weiterhin wurde Selfapy verläufig in das DiGA-Verzeichnis aufgenommen. Selfapy wird dem Patienten bei depressiven Episoden verschrieben. Vivira soll bei verschiedenen Arten von Arthrose helfen. Zanadio wird schließlich bei Adipositas angewandt (BfArM 2021).

Literatur

BfArM (2020a): Das Fast Track Verfahren für digitale Gesundheitsanwendungen (DiGA) nach § 139e SGB V – Ein Leitfaden für Hersteller, Leistungserbringer und Anwender, Berlin, 2020.
BfArM (2020b): DiGA-Verzeichnis, Berlin, https://diga.bfarm.de/de/verzeichnis aufgerufen am 25.10.2020.
BfArM (2021): Digitale Gesundheitsanwendungen (DiGA), Berlin, BfArM – Digitale Gesundheitsanwendungen (DiGA), aufgerufen am 03.01.21.

DiGA Stakeholder Analyse

3

3.1 Kritikpunkte der Ärzteschaft

Zuvor hatte die Kassenärztliche Bundesvereinigung 2017 mitgeteilt, dass für Ärzte jährlich lediglich 800 € Technikzuschlag als Erstattung für die Videosprechstunden zur Verfügung gestellt werden. In einem Quartal dürfen insgesamt nur 50 Videosprechstunden angeboten werden. Dabei werden die Patienten der Praxis mit 4,21 € und die neuen Patienten mit 9,27 € abgerechnet, was als wenig empfunden wird (Gründerszene 2020). Der Widerstand der Ärzteschaft ist insbesondere vor dem Hintergrund bemerkenswert, dass derartige Neuerungen im digitalen Sektor gerade Versorgungsengpässe im ländlichen Raum überwinden könnten. Interessanterweise wird nach Informationen der Kassenärztlichen Vereinigung Brandenburg die Video- oder Online-Sprechstunde dort, wo sie in diesem Kammerbezirk denn möglich ist, zudem auch noch um 20–30 % schlechter vergütet als eine reguläre, persönlich stattfindende ärztliche Beratung. Die Konsequenz ist, dass Telemedizin in Deutschland (jedenfalls bis zur Covid-19 Pandemie) nur äußerst schleppend Fortschritte erzielen konnte (Krankenkassen Zentrale 2019).

Es liegt also durchaus nahe, dass auch mit Blick auf die Neuerungen des DVG Widerstand durch die Ärzteschaft und die Landesärztekammern zu erwarten sein könnte. Letztlich ist aber der Erfolg derartiger Neuerungen davon abhängig, ob die ausführenden Organe gesetzlich geschaffene Handlungsspielräume auch tatsächlich nutzen, mit anderen Worten die DiGA auch tatsächlich rezeptieren. Unterschiede zur Online-Sprechstunde mit Blick auf die Akzeptanz in der Ärzteschaft könnten sich allerdings daraus ergeben, dass DiGA zum einen rezeptiert werden dürfen, d. h. gegebenenfalls eine zusätzliche Vergütung generieren oder wenigstens keine zusätzlichen Kosten beim Arzt auslösen und zweitens hohe

Anforderungen mit Blick auf den Nachweis eines positiven Versorgungseffekts sowie Sicherheits-, Qualitäts- und Datenschutzaspekte gestellt werden.

Es stellt sich also vor dem Hintergrund ihrer oben genannten *Gatekeeper-Funktion* die Frage, wie sich die Interessen der Ärzteschaft und der Ärztekammern auf die Zukunftsfähigkeit von DiGA auswirken könnten. Derartige für ein Unternehmen oder eine Branche relevante Beobachtungen können im Rahmen einer *Umweltanalyse* durch den sogenannten *Outside-In-Approach* vorgenommen werden. Dessen Kernidee besagt, dass der Blick von deren Umgebung aus auf die Branche gerichtet wird. Eine weite Definition der Unternehmens- bzw. Branchenumwelt wird durch den sogenannten *Stakeholder-Ansatz* vorgegeben (Bea et al. 2009). Dabei werden als Stakeholder sinngemäß alle Gruppen definiert, welche durch die Verfolgung der Ziele einer Organisation beeinflusst werden oder welche umgekehrt diese Zielverfolgung der Organisation beeinflussen könnten.

3.2   Anwendung der Stakeholder-Analyse

Wie oben ausgeführt, spielen Ärzte als Stakeholder eine tragende Rolle bei der Digitalisierung des Gesundheitswesens und damit auch hinsichtlich der Zukunftsfähigkeit von DiGA. Die Stakeholder-Analyse könnte Erkenntnisse hervorbringen zu der hier aufgeworfenen Forschungsfrage, ob sich DiGA in Zukunft in Deutschland etablieren.

3.2.1 Scanning

Zunächst wird die Umwelt in Bezug auf potentielle Stakeholder abgetastet und als Ergebnis eine Stakeholder-Landkarte erstellt. Laut McKinsey (2020) lassen sich die Stakeholder in die Gruppen der Ärzte, weitere Leistungserbringer, Patienten, Krankenkassen, App-Entwickler, Pharma- oder Medizintechnikunternehmen und den Staat mit seinen Regulierungsbehörden aufteilen.

Ärzte müssen die Gesundheits-Apps verschreiben und ihren Patienten deren Anwendung erläutern. Sie haben ein Interesse an einer möglichst effizienten und umfassenden Behandlung ihrer Patienten. Andererseits könnten sie durch das Verschreiben von DiGA eigene abrechenbare Leistungen ersetzen, sodass die Gefahr besteht, dass Ihnen ein Teil ihrer Arbeit entzogen wird. Weitere Leistungserbringer wie Pflegedienstleister oder Krankenhäuser nutzen DiGA nach Verschreibung des Arztes für die Versorgung von Patienten. Für sie besteht eine ähnliche Interessen- und Gefahrenlage wie für die Ärzte. Patienten können die Anwendungen zur eigenen Therapie verwenden und haben ein Interesse an einer effizienten und umfassenden Behandlung und einer Kostenübernahme durch die GKV. Für sie besteht allerdings die Gefahr der Überforderung sowie durch unbefugte Verwendung ihrer Daten.

Krankenkassen finanzieren letztlich die verschriebenen Applikationen. Sie haben ein Interesse an einer effizienten und wirksamen Patientenversorgung bei gleichzeitig möglichst geringer Kostenstruktur, da sie nach dem Wirtschaftlichkeitsgebot handeln müssen. Es besteht aber die Gefahr, dass Anwendungen unnötig verschrieben werden oder die Kassen durch die Apps nur zusätzlich finanziell belastet werden und ein Entlastungseffekt durch den Wegfall anderer kostenpflichtiger Leistungen insofern ausfällt. App-Entwickler stellen die Gesundheits-Apps her und betreiben diese. Sie haben ein monetäres Interesse an der Einbindung in die Infrastruktur der gesetzlichen Krankenkassen und an der Verschreibung durch die Ärzte. Es besteht insbesondere die Gefahr für sie, dass Ärzte Ihnen gegenüber skeptisch sind und daher nur wenig oder zögerlich Applikationen verschreiben.

Die Pharma- und Medizintechnikindustrie kann ebenfalls DiGA anbieten, indem sie App-Entwickler übernimmt oder eigene Entwicklungen fördert. Sie hat ein Interesse daran, in diesem Rahmen neue Geschäftsfelder zu erschließen und sich so von der Konkurrenz abzusetzen. Gleichzeitig besteht durch die Schaffung dieses neuen Geschäftsfelds auch die Gefahr der Entstehung neuer Konkurrenten. Der Staat schafft den rechtlichen Rahmen für die DiGA und überwacht diesen durch den Aufnahmeprozess beim BfArM. Er hat ein Interesse an einer verbesserten und kostengünstigeren Sicherstellung der Volksgesundheit. Andererseits besteht für ihn die Gefahr der Unter- oder Überregulierung der Branche mit entsprechenden innovationshemmenden oder kostenerzeugenden Effekten.

Im Folgenden soll sich die Studie auf die Stakeholder-Gruppe der Ärzteschaft, sowohl in Form einzelner Ärzte als auch in Form der sogenannten verfassten Ärzteschaft, d. h. der Ärztekammern und Kassenärztlichen Vereinigungen fokussieren. Ausgehend von der oben definierten Forschungsfrage sollen im Rahmen dieser Studie die Gefahren durch mögliche Stakeholder-Widerstände untersucht werden, da aufgrund der vergleichbaren Entwicklung in der Vergangenheit rund um die Online-Sprechstunde insbesondere aus dieser Richtung mit Widerstand zu rechnen ist.

3.2.2 Monitoring

In einem nächsten Schritt sind solche Umweltveränderungen ausfindig zu machen, die für die Branche bedeutsam sind und deren Entwicklungen prognostiziert werden können. Da es im Rahmen dieser Studie mit der Einführung des DVG und der daraus folgenden Möglichkeit der Finanzierung von DiGA durch die GKV bereits eine konkrete Veränderung im Mittelpunkt der Untersuchungen steht, sind zu diesem Punkt weitergehende Analysen nicht erforderlich.

3.2.3 Forecasting

Weiteres kommt insbesondere einer Erforschung potenzieller Bedrohungspotenziale in Betracht. Es sind daher im Folgenden mögliche Gefahren für die Zukunftsfähigkeit der DiGA sowie deren Ursachen aufzuzeigen und mit dem passenden Instrumentarium zu untersuchen. Als Gefahr kommt in Betracht, dass Ärzte gegebenenfalls nicht von der Möglichkeit zur Verschreibung von DiGA Gebrauch machen könnten. Ursachen dafür könnten hoher administrativer Aufwand, notwendige technische Anschaffungen, eine schwache Vergütung, fehlende digitale Kompetenzen der Ärzte oder ihrer Patienten oder eine „realitätsfernen Budgetierung" sein, wie oben bereits aufgezeigt worden ist.

3.2.4 Assessment

Letztlich soll evaluiert werden, ob und wie die Ergebnisse der Stakeholder-Analyse Bedrohungen oder Chancen für die Branche der DiGA darstellen. Erste Ansatzpunkte finden sich in der Veröffentlichung von McKinsey. Dort wird tendenziell die Perspektive der App-Entwickler eingenommen und diesen eine frühzeitige Positionierung sowie die strategische Kooperation mit anderen Akteuren vorgeschlagen. Ersteres, um im Wettbewerb mit anderen App-Entwicklern einen First Mover Vorteil zu erlangen und Letzteres zur Komplexitätsbeherrschung. Hier soll allerdings eher untersucht werden, welche konkreten Bedrohungen oder Chancen für DiGA durch die Ärzteschaft in Betracht kommen, um dann zu erläutern was etwa der Staat als „Urheber" dieser Neuregelung machen kann, um potenzielle Bedrohungen zu bekämpfen oder diesen sogar direkt zuvorzukommen. Das konkrete Assessment ist abhängig von den Studienergebnissen zu der im Rahmen des Forecasting geschilderten potenziellen Gefahr der geringen Verschreibung von DiGA durch die Ärzteschaft. Darauf aufbauend können dann in dieser Studie konkrete Maßnahmenangebote an den Staat als Akteur unterbreitet werden, um potenzielle Bedrohungen des DiGA-Projekts frühzeitig zu neutralisieren.

Methodische Herangehensweise   4

4.1 Studiendesign

Die Auswahl der Stichprobe setzt sich zusammen aus der Ärzteschaft in Deutschland, welche die Apps auf Rezept zukünftig verschreiben könnten, d. h. grundsätzliche alle approbierten niedergelassenen oder angestellten Ärzte. Des Weiteren wurden die kassenärztlichen Vereinigungen befragt, deren Aufgaben die Interessenvertretung, Sicherstellung und Versorgung ist. Die Ärztekammern wurden ebenfalls befragt, da sie die Aufsicht über die Ärzte wahren, die ärztliche Ausbildung und Fortbildung fördern, die ärztlichen Berufspflichten und Weiterbildung ordnen und an der Gesetzgebung auf dem Gebiet des öffentlichen Gesundheitswesens mitwirken. Die beiden letztgenannten Institutionen kann man daher auch als Teil der sogenannten verfassten Ärzteschaft begreifen.

Das Erhebungsinstrument, also das Mittel mit dem die Untersuchung durchgeführt wurde, war ein Fragebogen einer standardisierten Befragung. Es wurde jeweils ein Umfragebogen für die (individualisierte) Ärzteschaft erstellt und einer für die Kassenärztlichen Vereinigungen und Ärztekammern als verfasste Ärzteschaft. Beide Umfragebögen sind quantitativ, um eine gute Vergleichbarkeit zu schaffen. Davon ausgenommen ist eine offene Frage bei der (individualisierten) Ärzteschaft, welche dazu dient, konkrete praxisorientierte Anwendungsgebiete für DiGA abzufragen. Quantitative Verfahren eignen sich mit der standardisierten Befragungsform, wie in diesem Fall, zur objektiven Messung und zur Ermittlung von exakt quantifizierbaren Ergebnissen.

Die Erstellung von statistischen Zusammenhängen und das Testen von Hypothesen ist möglich. Des Weiteren haben quantitative Verfahren im Vergleich zu

C. Friesendorf und S. Lüttschwager, *Digitale Gesundheitsanwendungen*, essentials, https://doi.org/10.1007/978-3-658-33983-8_4

qualitativen den Vorteil, dass sie mit geringeren Kosten und geringerem Zeitaufwand verbunden sind. Für die Fragebogenerstellung wurden überwiegend erprobte Skalen herangezogen. Der Fragebogen der Ärzte gliedert sich in 22 Fragen, der der Kassenärztlichen Vereinigungen und Ärztekammern in sieben Fragen mit jeweils unterschiedlichen Themenschwerpunkten.

4.2   Studienteilnahme, Ablehnung und Stichprobenverlauf

Bei der schriftlichen Befragung wurden alle 18 kassenärztliche Vereinigungen (Bundesvereinigung und kassenärztliche Vereinigungen der 17 kV-Bezirke), sowie alle 18 Ärztekammern (Bundeskammer und Ärztekammern der 17 Kammerbezirke) zuerst telefonisch angefragt und anschließend per E-Mail über das geplante Vorgehen informiert. Die befragten Ärzte wurden unmittelbar per E-Mail angeschrieben. Der jeweiligen E-Mail wurde dann die Umfrage mit der Bitte, diese binnen eines Monats aufgefüllt zurückzuschicken, beigefügt.

Die teilnehmenden Ärzte wurden zufällig ausgewählt. Dadurch sollte sichergestellt werden, dass verschiedene Fachrichtungen, Altersgruppen, Geschlechter, Tätigkeitsverhältnisse und Ortsgrößen der Arbeitsstätte einbezogen sind. Das ist wichtig, da es möglicherweise im Hinblick auf die Antworten zu digitalen Fähigkeiten, Bereitschaft der Verschreibung von Apps oder allgemeine Bedenken Unterschiede geben kann, die sich auf diese Faktoren zurückführen lassen könnten. Die Bereitschaft der Kassenärztlichen Vereinigungen und der Ärztekammern an der Umfrage teilzunehmen war am Telefon zumeist noch vorhanden, allerdings wurde auch des Öfteren darauf hingewiesen, dass durch die aktuelle Covid-19 Pandemie bedingt wenig Zeit zur Verfügung stünde und man daher keine Rückmeldung versprechen könne. Einige Ärztekammern und Kassenärztliche Vereinigungen haben die Teilnahme dann mit dieser Begründung auch abgelehnt. Insgesamt waren die Rückläufe jedoch für eine Auswertung ausreichend.

4.3   Befragung der Ärzteschaft

Fragen des Umfragebogens der Ärzteschaft werden in Tab. 4.1 präsentiert:

Der Ärzteschaft wird eine besondere Rolle bei den „Apps auf Rezept" zuteil. Sie sind diejenigen, die sich um die Belange der Patienten kümmern und sie mit geeigneten Methoden behandeln sowie Medikamente verschreiben. Teilweise sollen die „Apps auf Rezept" bisherige Verfahren ergänzen. Da bereits Apps zugelassen sind, wurden den Ärzten Fragen zu den „Apps auf Rezept" gestellt.

Tab. 4.1 Umfragebogen I

1	Bundesland Ihrer Arbeitsstätte/Kammer/Kassenärztlichen Vereinigung
2	In welcher Altersgruppe befinden Sie sich?
3	Welches Geschlecht haben Sie?
4	In welcher Fachrichtung sind Sie tätig?
5	Wie ist Ihr Tätigkeitsverhältnis ausgestaltet?
6	Wo befindet sich Ihre Arbeitsstätte?
7	Wie schätzen Sie Ihre digitale Kompetenz ein?
8	Wie schätzen Sie die digitale Kompetenz Ihrer Patienten ein?
9	Haben Sie bis zum jetzigen Zeitpunkt schon vom DVG, von DiGAV oder von „Apps auf Rezept" gehört?
10	Haben Sie bereits eine App verschrieben?
11	Wie groß ist Ihre Bereitschaft eine App während des Erprobungsjahres, d. h. bei ggf. noch fragmentarischer Informationslage zu verschreiben?
12	Sind Sie der Auffassung derartige Apps finden in Zukunft wachsende Anwendungsbeliebtheit *im Gesundheitswesen allgemein?*
13	Sind Sie der Auffassung derartige Apps finden in Zukunft wachsende Anwendungsbeliebtheit *in Ihrem Fachbereich?*
14	Halten Sie die Anwendung derartiger Apps in Ihrem Fachbereich grundsätzlich für sinnvoll?
15	Planen Sie digitale Anwendungen wie Apps in Zukunft im Rahmen Ihrer Tätigkeit vermehrt zu verschreiben?
16	Falls nein, welche zusätzlichen Bedingungen müssten erfüllt werden, damit Sie Ihre Einstellung revidieren würden?
17	Haben Sie Sorgen, dass Sie durch die Einführung Digitaler Gesundheitsanwendungen zusätzlich belastet werden?
18	Falls ja, welche Belastungen befürchten Sie konkret?
19	Werden derartige Apps Ihrer Einschätzung nach bisherige verschreibungspflichtige Anwendungen eher ergänzen oder eher ersetzen?
20	Führt die Nutzung derartiger Apps Ihrer Einschätzung nach zu einer stärkeren Belastung oder Entlastung der Krankenkassen?
21	Glauben Sie, dass derartige Apps bei vermehrter Verschreibung für Sie zu Abrechnungseinbußen führen könnten?
22	Offene Fragen: Welche Therapie- und Diagnoseoptionen in Ihrem Fachbereich könnten durch die Anwendungsmöglichkeiten solcher Apps ergänzt oder ersetzt werden?

Hierbei wurde den Teilnehmern auf der ersten Seite der aktuelle Stand rund um das Thema „Apps auf Rezept" erklärt und die Informationen zum Einführungsprozess an die Hand gegeben. Des Weiteren wurde anhand von Beispielen die App-Funktionalität erklärt, die bereits in das DiGA-Verzeichnis aufgenommen wurde.

Die ersten sechs Fragen dienen zur Einordnung der befragten Person: Es wurde nach dem Bundesland der Arbeitsstätte, dem Alter, dem Geschlecht, der Facharztrichtung, dem Tätigkeitsverhältnis und der Einordnung der Einwohnerzahl des Ortes der Arbeitsstätte gefragt. Die folgenden zwei Fragen geben einen Überblick über die eigene eingeschätzte digitale Kompetenz auf einer Skala von eins bis fünf und die der Patienten. Ab der neunten Frage kommen zum ersten Mal konkret die „Apps auf Rezept" zur Sprache. Es wird gefragt, ob der befragte Arzt/ die befragte Ärztin bereits von dem DVG, „Apps auf Rezept" oder DiGAV gehört hat, schon selbst eine App verschrieben hat und wie groß die Bereitschaft ist, eine App während des Erprobungsjahres und dementsprechend bei fragmentarischer Informationslage zu verschreiben. Im Anschluss wird nach der Auffassung gefragt, ob derartige Apps in Zukunft vermehrt Anwendung im Gesundheitswesen allgemein und in dem jeweiligen Fachbereich haben werden.

Die Fragen 14 bis 16 drehen sich darum, ob ein Einsatz der Apps im jeweiligen Fachbereich für sinnvoll erachtet wird, ob eine vermehrte Verschreibung für die Zukunft geplant ist und falls das nicht der Fall ist, welche Bedingungen erfüllt werden müssen, damit dies zutrifft. Hierzu gab es fünf verschiedene Auswahlmöglichkeiten: 1) Ausgleich für entgangene Abrechnung eigener Leistungen, 2) Höhere Anforderungen an den Datenschutz, 3) Erwiesener medizinischer Nutzen bzw. Patientennutzen, 4) Veränderte Budgetierung durch die Krankenkassen, 5) Höhere Anforderungen an Qualitäten oder Funktionalitäten der App.

Im weiteren Verlauf wurden die Bedenken und Sorgen thematisiert. Es wurde nach der Sorge einer zusätzlichen Belastung durch eine Einführung der „Apps auf Rezept" gefragt und falls diese bejaht wurde, wurden die konkreten Befürchtungen abgefragt. Zur Auswahl standen: 1) Gesteigerte Anforderungen an die Praxisausstattung, 2) Gesteigerte Anforderungen an die digitale Kompetenz des Klinik-/Praxis-Teams, 3) Finanzieller Nachteil, da die Apps die Ärzte als Leistungserbringer teilweise ersetzen könnten, 4) Überforderung der Patienten, 5) Mehraufwand durch Patienten-Rückfragen.

Eine weitere Frage war zu der Einschätzung, ob die Apps verschreibungspflichtige Anwendungen eher ergänzen, oder ersetzen und ob sie zu einer stärkeren Ent- oder Belastung führen. Zudem wurde nachgefragt, ob die Ärzte durch die vermehrte Verschreibung mit Abrechnungseinbußen rechnen.

Die bisherigen Fragen (1–21) unterliegen der quantitativen Erhebung, da die Antworten auf Skalen, mit ja/nein-Antworten oder durch vereinzelte Auswahlmöglichkeiten begrenzt und vorgegeben sind. Lediglich die Frage 22 ist eine qualitative Erhebung, da mit einer offenen Frage nach den Therapie- und Diagnosemöglichkeiten gefragt wurde, die in dem jeweiligen Fachbereich durch derartige Apps ergänzt oder ersetzt werden können. Während des Fragebogens hatten die Befragten zudem an entsprechenden Stellen die Möglichkeit ihre Antwort zu begründen.

4.4 Befragung der Landesärztekammern und Kassenärztlichen Vereinigungen

Fragen des Umfragebogens der Landesärztekammern und Kassenärztlichen Vereinigungen in Tab. 4.2:

Die Landesärztekammern und die Kassenärztlichen Vereinigungen bilden neben der Ärzteschaft die weiteren Umfrageteilnehmer. Alle Teilnehmer haben ein hohes Interesse an den Entwicklungen im Gesundheitssektor und weisen darauf hin, dass eine erfolgreiche Etablierung nur bei umfangreicher Transparenz und intensiver Information möglich ist.

Tab. 4.2 Umfragebogen II

1	Wie steht Ihre Kammer bzw. Ihre KV den sog. „Apps auf Rezept", also der Verschreibungsmöglichkeit Digitaler Gesundheitsanwendungen gegenüber?
2	Wie schätzen Sie die digitale Kompetenz Ihrer Mitglieder ein?
3	Sind Sie der Auffassung, derartige Apps finden in Zukunft wachsende Anwendungsbeliebtheit im Gesundheitswesen allgemein?
4	Werden derartige Apps Ihrer Einschätzung nach bisherige verschreibungspflichtige Anwendungen eher ergänzen oder eher ersetzen?
5	Falls Sie oder Ihre Mitglieder zusätzliche Belastungen durch die Neuerung befürchten, welche wären das?
6	Führt die Nutzung derartiger Apps Ihrer Einschätzung nach zu einer stärkeren Belastung oder Entlastung der Krankenkassen?
7	Glauben Sie, dass derartige Apps bei vermehrter Verschreibung für Ihre Mitglieder zu Abrechnungseinbußen führen könnten?

Der Fragebogen der Ärztekammern und Kassenärztlichen Vereinigungen war einheitlich, aber im Vergleich zu dem der Ärzteschaft mit sieben Fragen deutlich kürzer. Das Hauptaugenmerk lag demnach bei der Ärzteschaft und ihrer Reaktion auf die Einführung, ihren Sorgen und Einschätzungen zur Umsetzung. Dennoch bilden die Kassenärztlichen Vereinigungen und Ärztekammern mit ihren Positionen im Gesundheitsbereich wichtige Akteure, deren Präferenzen und Tendenzen zu den „Apps auf Rezept" eine hohe Relevanz haben.

Die Einführung auf der ersten Seite des Umfragebogens unterscheidet sich nicht von der des Bogens der Ärzteschaft. Nach einer Abfrage des jeweiligen Bundeslandes wird um ein Stimmungsbild gebeten, wie die Ärztekammern und Kassenärztlichen Vereinigungen die „Apps auf Rezept" sehen. Wie bei dem langen Fragebogen, wird um eine Bewertung der digitalen Kompetenz, hier allerdings der der Mitglieder, nämlich der Ärzteschaft selbst, gebeten. Ebenfalls wird gefragt, ob die Ärztekammern und Kassenärztlichen Vereinigungen denken, dass derartige Apps in Zukunft wachsende Anwendbarkeit im Gesundheitswesen allgemein finden und ob sie die bisherigen verschreibungspflichtigen Anwendungen eher ergänzen, oder ersetzen. Sofern zusätzliche Belastungen erwartet werden, sind potenzielle Ursachen dafür, anhand von den fünf Möglichkeiten, die auch schon bei der Ärzteschaft genannt wurden, auszuwählen. Die Fragen sechs und sieben thematisieren, ob es zu Mehr- oder Entlastungen bei den Krankenkassen kommt und ob die jeweiligen Mitglieder bei vermehrter Verschreibung der Apps eher mit Abrechnungseinbußen zu rechnen haben, oder nicht.

4.5   Praktikabilität und Akzeptanz der Fragebögen

Die generelle Akzeptanz der Fragebögen kann, gemessen an der Rücklaufquote, als zufriedenstellend betrachtet werden. Es kam lediglich am Anfang einmal zu der Rückfrage, ob die Umfrage anonym ist. Ansonsten gab es keine Nachfragen, oder Verständnisprobleme durch mögliche Formulierungen oder ähnliches. Viele angefragte Ärzte und einige Ärztekammern, sowie Kassenärztliche Vereinigungen haben sich bereit erklärt an der Umfrage teilzunehmen. Des Öfteren wurden auch die freien Felder genutzt, um die Antworten zu begründen oder Gedanken zu den „Apps auf Rezept" zu teilen. Allerdings kamen auch einige Rückmeldungen auf die Anfrage, die die Teilnahme abgelehnt haben. Begründet wurde dies mit generell wenig Zeit, die nicht für jede Anfrage ausreicht und weniger Zeit geschuldet durch die aktuelle Situation der Corona Pandemie.

Literatur

Bea, F. X.; Haas, J. (2009): Strategisches Management, 5. Auflage, Grundwissen der Ökonomik, Betriebwirtschaftslehre, utb., Stuttgart.

BfArM (2020a): Das Fast Track Verfahren für digitale Gesundheitsanwendungen (DiGA) nach § 139e SGB V – Ein Leitfaden für Hersteller, Leistungserbringer und Anwender, Berlin, 2020.

Gründerszene (2020): App auf Rezept: "Ärztekammer zündelt mit dem Vertrauen der Patienten", (businessinsider.de) aufgerufen am 26.10.2020.

Gründerszene (2019): Ein Jahr Videosprechstunde in Deutschland – ein schleppender Start, https://www.gruenderszene.de/health/videosprechstunde-schleppender-start aufgerufen am 26.10.2020.

Göbel, E. (1995): Der Stakeholderansatz im Dienste der strategischen Früherkennung. Zeitschrift für Planung 6. Jg., S. 55–67.

Query ID="Q1" Text="Unable to parse this reference. Kindly do manual structure" Hedwig, M.; Hollender J.; Mann T.; Thielmann H. für McKinsey & Company (2020): App auf Rezept. Wie das Digitale-Versorgung-Gesetz den Markt für Gesundheits-Apps revolutioniert, Köln, Berlin und Hamburg.

Krankenkassen Zentrale (2019): Telemedizin in Deutschland – Fernbehandlung in Deutschland läuft schleppend, https://www.krankenkassenzentrale.de/magazin/telemedizin-in-deutschland-fernbehandlung-laeuft-schleppend-97525# aufgerufen am 26.10.2020.

Auswertung und Erstergebnisse 5

5.1 Regionale Verteilung

Die befragten Ärzte verteilten sich einigermaßen gleichmäßig auf die Bundesländer Niedersachsen (5), Hamburg (2), Bremen (6), Rheinland-Pfalz (1), Bayern (1), Nordrhein-Westphalen (5) und Baden-Württemberg (1), d. h. die Antworten der Ärzteschaft sind vor dem Hintergrund zu betrachten, dass lediglich die sog „alten Bundesländer" abgebildet werden und keine Aussagen über die „neuen Bundesländer" getroffen werden können. Ähnlich verhält es sich bei den Ärztekammern Bremen (1), Rheinland-Pfalz (1), Schleswig-Holstein (1), Thüringen (1) und Bayern (1), welche den Fragebogen beantwortet haben. Hier repräsentiert die Ärztekammer Thüringen das einzige „ostdeutsche" Bundesland. Auch bei den Kassenärztlichen Vereinigungen Saarland (1), Brandenburg (1), Baden-Württemberg (1), Niedersachsen (1), Nordrhein (1), Hessen (1), Berlin (1) und Schleswig-Holstein (1) stellt Brandenburg das einzige „ostdeutsche" Bundesland dar. Laut statistischem Bundesamt hatte „Westdeutschland" im Jahr 2019 circa 67 Mio. Einwohner, während „Ostdeutschland" im gleichen Jahr etwa 12,5 Mio. Einwohner aufwies (Statistisches Landesamt NRW 2020). Während also der Bevölkerungsanteil aus Ostdeutschland circa 15,7 % der Gesamtbevölkerung ausmacht, sind lediglich zwei von 34 Umfrageteilnehmern aus dieser Region, d. h. lediglich circa 5,9 %. Hinsichtlich der Umfrageergebnisse ist damit festzuhalten, dass „Ostdeutschland" im Vergleich zur Realität unterrepräsentiert ist.

5.2   Urbanisierungsgrad

Weiterhin lassen sich die befragten Ärzte in Bezug auf die Größe der Stadt, in der sie tätig sind, kategorisieren. So gaben drei Ärzte an, in einer Millionenstadt zu arbeiten, während der Großteil (10) in einer Stadt mit mehr als 200.000 Einwohnern tätig ist. Vergleichsweise wenige befragte Ärzte arbeiten in Städten mit weniger als 200.000 und mehr als 20.000 Einwohnern (4) oder in Städten mit weniger als 20.000 Einwohnern (4). Es lässt sich hier also eine Tendenz zu urbanen Gegenden feststellen. Ob diese allerdings in einer Überrepräsentation der Ärzte in urbanen Gegenden resultiert, lässt sich schwer sagen, da es an einer entsprechenden Datenlage über die Verteilung der Ärzte in Deutschland im ländlichen im Vergleich zum städtischen Raum fehlt. Einen Anhaltspunkt kann eventuell die Datenlage in NRW bieten. Danach befinden sich 56 % der Arztpraxen in NRW in Gebieten mit dichter Besiedelung. Soweit „dichte Besiedelung" als Gebiet mit mehr als 200.000 Einwohnern definiert wird, arbeiten 61,9 % der befragten Ärzte in einem dicht besiedelten Gebiet, sodass zumindest vermutet werden kann, dass hinsichtlich der „Stadt-Land-Verteilung" für „Westdeutschland" keine starken Abweichungen von der Realität vorkommen und der Rücklauf insofern aussagekräftig sein dürfte.

5.3   Alter

Bezüglich des Alters antworteten über die Hälfte der Ärzte (11), dass sie über 55 Jahre alt seien, während vier Ärzte zwischen 46 und 55, drei Ärzte zwischen 36 und 45 und drei Ärzte zwischen 25 und 35 Jahre alt seien. Für Deutschland ergibt sich, dass circa 47,3 % der Bevölkerung 2019 mindestens 40 Jahre alt war (Destatis 2020). Im Rahmen dieser Umfrage sind es zwischen 71,4 und 85,7 %. Der Altersdurchschnitt der niedergelassenen Vertragsärzte in Deutschland betrug 2019 54,3 Jahre (Kassenärztliche Bundesvereinigung 2021). Somit liegt der Altersdurchschnitt der niedergelassenen Vertragsärzte über dem Bevölkerungsdurchschnitt, dürfte insofern aber keine allzu große Abweichung von den Rückläufern aufweisen. Wenn überhaupt, ist eine leichte Tendenz der Rückläufer zu einer Abweichung „nach oben" festzustellen, d. h. die untersuchte Population ist tendenziell etwas älter als die Ärzteschaft in der Realität. Diese leichte Abweichung dürfte allerdings nicht grundsätzlich die Aussagekraft der Untersuchung beeinträchtigen.

5.4 Geschlechterverteilung

Hinsichtlich der Geschlechterverteilung haben neun Ärzte angegeben, dass sie weiblich seien, während 12 Ärzte sich dem männlichen Geschlecht zugeordnet haben. Damit sind innerhalb der untersuchten Population 42,9 % der befragten Ärzte weiblich, während es innerhalb der niedergelassenen Vertragsärzte in Deutschland 2019 48 % waren. Diese bloß geringe Abweichung dürfte die Aussagekraft der Befragung ebenfalls nicht stark beeinflussen.

5.5 Selbständigenquote

Unter den befragten Ärzten gaben 57,1 % (12) an, selbständig zu arbeiten, während 42,9 % im Krankenhaus (5) oder in einer Praxis/einem medizinischen Versorgungszentrum (MVZ) (4) angestellt seien. Die Selbständigenquote bei in der vertragsärztlichen Versorgung tätigen Ärzten lag 2018 bei 74 %, wobei die Quote innerhalb der letzten 10 Jahre vor der Erhebung um 1–2 Prozentpunkte pro Jahr abgenommen hat. Es kann für 2020 daher eine Selbständigenquote von 71 % extrapoliert werden. Damit liegt der Anteil der Selbständigen unter den befragten Ärzten unter dem entsprechenden Anteil an der Gesamtärzteschaft.

Insgesamt lässt sich daher als Ausgangsbasis feststellen, dass die untersuchte Population hinsichtlich der Faktoren Alter, Geschlecht und Stadt-Land-Verteilung relativ nah an der Verteilung in der Realität liegen dürfte. Lediglich die „ostdeutschen" Bundesländer sowie die selbständigen Ärzte sind (deutlich) unterrepräsentiert. Eine signifikante Korrelation zwischen bestimmten Faktoren, etwa zwischen Aussagen über die Sinnhaftigkeit von DiGA oder über die eigene Digitalkompetenz und allgemeinen Charakteristika wie Alter, Geschlecht, Tätigkeitsort oder Form der Beschäftigung ließ sich nicht feststellen.

Literatur

Destatis (2020): Bevölkerungsentwicklung in Ost- und Westdeutschland zwischen 1990 und 2019: Angleichung oder Verfestigung der Unterschiede, https://www.destatis.de/DE/The men/Querschnitt/Demografischer-Wandel/Aspekte/demografie-bevoelkerungsentwickl ung-ost-west.html aufgerufen am 27.12.2020.
Kassenärztliche Bundesvereinigung (2021): Gesundheitsdaten – Niedergelassene Ärzte werden immer älter, https://gesundheitsdaten.kbv.de/cms/html/16397.php aufgerufen am 02.01.2021.

Statistisches Landesamt NRW (2020): Stadt, Land, Arzt – Wie verteilen sich Arztpraxen in
   städtischen und ländlichen Gebieten in Nordrhein-Westfalen? Stadt, Land, Arzt (nrw.de)
   aufgerufen am 02.01.2021.

Ergebnisse zu *Apps auf Rezept*

6

6.1 Vorläufig und endgültig aufgenommene DiGA

Vor der Befragung haben immerhin 13 von 20 Ärzten bereits von DiGA gehört, d. h. 65 % der befragten Population. Allerdings hat lediglich ein Umfrageteilnehmer bereits eine DiGA verschrieben und zwar Kalmeda zur Behandlung von Tinnitus. Kalmeda ist bisher nur vorläufig in das DiGA-Verzeichnis aufgenommen worden, d. h. der medizinische Nutzen ist noch nicht bewiesen. Lediglich bei 38,1 % der Ärzte ist die Bereitschaft allerdings nach eigener Angabe „groß", eine DiGA bereits während des einjährigen Erprobungszeitraums zu verschreiben. Bei 57,1 % wird die Bereitschaft hingegen als „klein" angegeben. Der erwiesene medizinische Nutzen scheint unter den befragten Ärzten damit ein wesentliches Kriterium darzustellen, um eine DiGA tatsächlich zu verschreiben und zwar trotz der Tatsache, dass bisher lediglich eine vorläufig aufgenommene App verschrieben worden ist. Abb. 6.1. zeigt die Bereitschaft.

6.2 Künftige Anwendungsbeliebtheit

85,7 % der befragten Ärzte, 100 % der befragten Ärztekammern und 75,0 % der befragten KV sind der Auffassung, dass digitale Gesundheitsanwendungen in Zukunft wachsende Anwendungsbeliebtheit im Gesundheitswesen finden. Abb. 6.2 zeigt die Erwartungen.

61,9 % der befragten Ärzte sind der Auffassung, dass digitale Gesundheitsanwendungen in Zukunft wachsende Anwendungsbeliebtheit im eigenen Fachbereich finden. Darunter befinden sich Fachärzte für Allgemeinmedizin (3), Zahnärzte/Kieferchirurgen (2), für Kardiologie (1), für Augenheilkunde (1), für

Wie groß ist die Bereitschaft eine App während des Erprobungsjahres zu verschreiben?

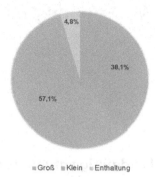

■ Groß   ■ Klein   ■ Enthaltung

Abb. 6.1 Bereitschaft eine DiGA während des einjährigen Erprobungszeitraums zu verschreiben

Finden solche Apps in Gesundheitswesen allgemein größere Anwendung?

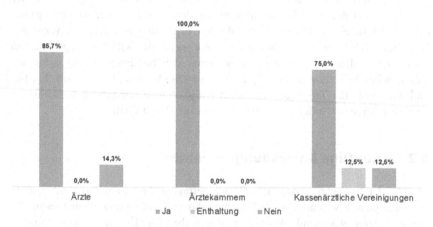

Abb. 6.2 Erwartungen hinsichtlich der Anwendungsbeliebtheit der DiGA

Radiologie (1), für Innere Medizin (1), für Gastroenterologie (1), für Arbeitsmedizin (1), für Gynäkologie (1) und für Orthopädie (1). Mit 28,6 % andere Auffassung sind dagegen Fachärzte für Gynäkologie (2), Zahnärzte/Kieferchirurgen (1), für Kardiologie (1), für Unfallchirurgie (1) und für Innere Medizin (1). Mit

9,5 % enthalten sich Fachärzte für Dermatologie (1) und für Gynäkologie (1) der Stimme. Es lässt sich also argumentieren, dass in der Allgemeinmedizin eine wachsende Anwendungsbeliebtheit erwartet wird. Innerhalb der Gruppen der Internisten, Kardiologen, Gynäkologen und Zahnärzte/Kieferchirurgen sind die Erwartungshalten hingegen widersprüchlich.

Der einzig befragte Dermatologe enthält sich der Stimme. Die befragten Fachärzte für Radiologie, Augenheilkunde, Gastroenterologie, Orthopädie und Arbeitsmedizin sind zwar optimistisch, dass es in ihrem Fachgebiet zu wachsender Anwendungsbeliebtheit kommen wird, allerdings jeweils nur mit einer Stimme, sodass die Signifikanz dieser Aussagen in Zweifel gezogen werden kann. Gleiches gilt „unter umgekehrtem Vorzeichen" für den Unfallchirurgen, der sich diesbezüglich pessimistisch äußerte. Signifikant ist damit letztlich nur, dass jedenfalls in der Allgemeinmedizin eine steigende Anwendung erwartet wird. Dies deckt sich auch damit, dass alle befragten Allgemeinmediziner die Anwendung der DiGA in ihrem Fachbereich auch persönlich für sinnvoll erachten.

6.3 Präferenzen und Tendenzen der Umfrageteilnehmer

42,9 % der befragten Ärzte planen, in Zukunft vermehrt DiGA zu verschreiben. Abb. 6.3, 6.4, 6.5 und 6.6 zeigen die Eindrücke.

Bei den übrigen Ärzten stellten die drei wichtigsten Anforderungen für eine vermehrte Rezeptierung der erwiesene medizinische Nutzen bzw. Patientennutzen (11), höhere Anforderungen an Qualitäten oder Funktionalitäten der App (11) sowie eine veränderte Budgetierung durch die Krankenkassen (7) dar.

Immerhin befürchten 71,4 % der befragten Ärzte denn auch eine stärkere Belastung durch die Einführung der DiGA, mit großem Abstand dabei insbesondere den Mehraufwand durch Patienten-Rückfragen (14). Gesteigerte Anforderungen an die digitale Kompetenz des Praxis-Teams (9) und an die Praxisausstattung (7) sind dagegen zumindest etwas weniger gefürchtet. Kaum Sorgen machen sich die Ärzte um die Entstehung eines finanziellen Nachteils durch die teilweise Ersetzung der Leistungserbringer (4) oder die Überforderung der Patienten (4). Im Einklang damit erwartet kein einziger Arzt, dass die Apps verschreibungspflichtige Anwendungen eher ersetzen könnten, während 90,5 % davon ausgehen, dass diese bestehende Anwendung lediglich ergänzen.

Bei den befragten Ärztekammern sehen sich immerhin 60 % den „Apps auf Rezept" gegenüber positiv eingestellt, während sich 40 % als neutral beschreiben. Als Argumente für eine positive Einstellung wird die Möglichkeit, Ärzte zu

Planen Sie digitale Anwendungen in Zukunft vermehrt zu verschreiben?

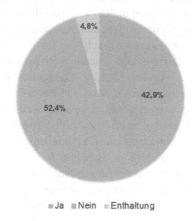

■ Ja   ■ Nein   ■ Enthaltung

Abb. 6.3   Verschreibungsbereitschaft

Welche zusätzlichen Bedingungen müssten erfüllt sein, damit Sie DiGAs rezeptieren würden?

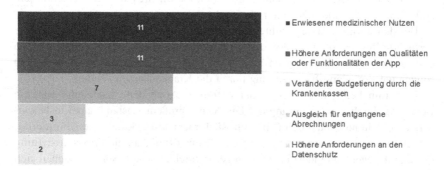

Abb. 6.4   Anforderungen für eine vermehrte Rezeptierung

entlasten sowie Digitalisierung und die Zunahme von Fernbehandlungen ange-geben. Zudem sei es positiv, wenn medizinisches Fachwissen in einer DiGA gebündelt werde. Allerdings wurde auch gefordert, dass der (Patienten-)Nutzen klar erkennbar sein müsse und die Verschreibung von DiGA keine Mehrarbeit

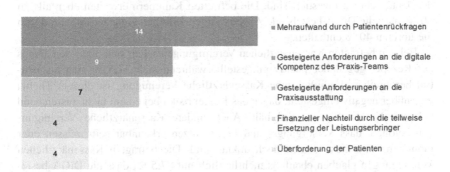

Abb. 6.5 Sorge um Mehrbelastungen durch die DiGA Einführung

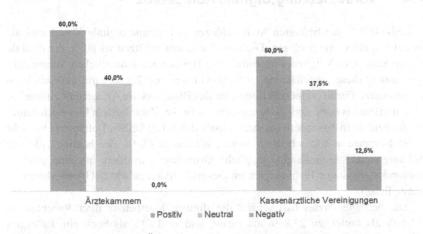

Abb. 6.6 Einstellungen der Ärztekammern und Kassenärztlichen Vereinigungen zu den digitalen Anwendungen

für Ärzte bedeuten dürfe. Der persönliche Arzt-Patienten-Kontakt solle auch weiterhin „Goldstandard" sein. Kritisch wurde gesehen, dass nicht alle Apps über einen Wirksamkeitsnachweis verfügen, d. h. die Möglichkeit einer vorläufigen Aufnahme in das DiGAV wurde kritisiert, sowie die Gefahr, dass Krankenkassen

eventuell nicht mehr neutral handeln, wenn sie selbst in die App entwickeln-
den Unternehmen investiert sind. Die befragten Kammern erwarten ebenfalls zu
60 %, dass die DiGA bestehende Anwendungen lediglich ergänzen, während sich
die übrigen 40 % enthalten.

Bei den befragten Kassenärztlichen Vereinigungen sehen sich 50 % den „Apps
auf Rezept" gegenüber positiv eingestellt, während sich 37,5 % sich als neutral beschreiben. Lediglich eine Kassenärztliche Vereinigung ist diesem Thema
gegenüber negativ eingestellt, da sie das Kostenrisiko bei einem nicht ausreichend
belegten Nutzen für zu groß hält. Auch andere Kassenärztliche Vereinigungen betonen, dass Versorgungs- und Praxisnutzen erkennbar sein müssen oder
monieren, dass diese derzeit noch unklar sind. Die befragten Kassenärztlichen
Vereinigungen glauben ebenfalls mehrheitlich mit 87,5 %, dass die DiGA bestehende Anwendungen lediglich ergänzen, während allein 12,5 % der Auffassung
sind, dass sie die bestehenden Anwendungen (teilweise) ersetzen.

6.4   Voraussetzung ‚digitale Kompetenz'

Jeweils 43,9 % der befragten Ärzte schätzen ihre eigene digitale Kompetenz als
mittel respektive als hoch ein. Die Ärztekammern schätzen zu 80 % die digitale
Kompetenz ihrer Mitglieder als mittel ein. Bei den Kassenärztlichen Vereinigungen kommt diese Einschätzung zu 50 % vor und zu 37,5 % wird diese als hoch
eingeschätzt. Damit ergibt sich insgesamt das Bild, dass die Ärzteschaft zumindest
eine mittlere bis hohe digitale Kompetenz aufweist. Zwar besteht hier noch Raum
nach oben, da insbesondere der Ärzteschaft durch fast keinen Befragten eine sehr
hohe Kompetenz zugeschrieben wurde, allerdings dürfte der heutige „digitale
Bildungsstand" dennoch eine taugliche Grundlage darstellen, um eine stärkere
Einbindung digitaler Technologien im Gesundheitswesen wie DiGA überhaupt zu
ermöglichen.

Die befragte Ärzteschaft schätzt die digitale Kompetenz ihrer Patienten zu
57,1 % als mittel, zu 23,8 % als gering und zu 19 % als hoch ein. Es ergibt
sich damit ein Bild von mittlerer digitaler Kompetenz der Patienten. Auch wenn
der durchschnittliche Patient daher womöglich über ein im Vergleich zum durch-
schnittlichen Arzt etwas reduziertes „digitales Skillset" verfügt, so ist doch kein
derartiges Defizit zu erwarten, welches die Nutzung von DiGA in der breiten
Masse verhindern könnte. Abb. 6.7, 6.8 und 6.9 zeigen weitere Einschätzungen.

Wie schätzen Sie Ihre eigene digitale Kompetenz respektive die Ihrer Patienten ein?

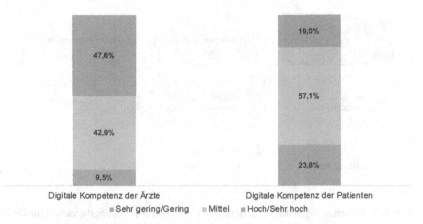

Abb. 6.7 Einschätzungen der Ärzte hinsichtlich ihrer eigenen digitalen Kompetenz und der ihrer Patienten

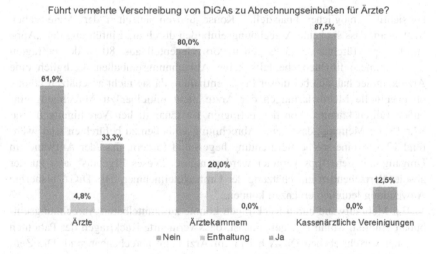

Führt vermehrte Verschreibung von DiGAs zu Abrechnungseinbußen für Ärzte?

Ärzte: 61,9% / 4,8% / 33,3%. Ärztekammern: 80,0% / 20,0% / 0,0%. Kassenärztliche Vereinigungen: 87,5% / 0,0% / 12,5%. Legende: Nein | Enthaltung | Ja

Abb. 6.8 Einschätzungen der Ärzte, Ärztekammern und Kassenärztlichen Vereinigungen hinsichtlich möglicher Abrechnungseinbußen für Ärzte

Welche Therapie- und Diagnoseoptionen in Ihrem Fachbereich könnten durch Apps ergänzt oder ersetzt werden?

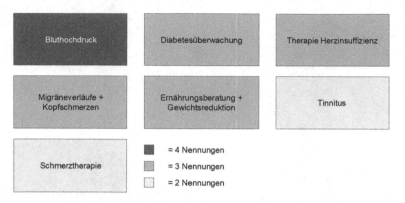

Abb. 6.9 Einschätzungen der Ärzte zu praxisorientierten Anwendungsbereichen für DiGA

6.5   Finanzielle Konsequenzen

Hinsichtlich möglicher finanzieller Konsequenzen aufseiten der Ärzte gaben 61,9 % an, dass sie keine Abrechnungseinbußen durch die Einführung der „Apps auf Rezept" fürchten. 33,3 % gehen vom Gegenteil aus. 80 % der befragten Ärztekammern fürchten ebenfalls keine Abrechnungseinbußen. Lediglich eine Ärztekammer hat sich bei dieser Frage enthalten, da sie nicht abschätzen könne, ob eventuelle Mehrbelastungen der Ärzte nicht mittelbar zu Abrechnungseinbußen führen könnten. Von den befragten Kassenärztlichen Vereinigungen sind 87,5 % der Meinung, dass keine Abrechnungseinbußen zu befürchten sind, während 12,5 % eine solche Befürchtung hegen und fordern, dass der Aufwand im Umgang mit den Apps vergütet werden müsse. Dieses Ergebnis passt zu der absolut herrschenden Einschätzung der Umfrageteilnehmer, dass DiGA bisherige Anwendung lediglich ergänzen können.

Ein Mehraufwand durch Rückfragen könnte zu „mittelbaren Abrechnungseinbußen" führen, womit hier gemeint ist, dass vermehrte Rückfragen der Patienten zu einer verschriebenen DiGA bei ihrem Arzt nicht abrechenbar sind. Die Zeit, in welcher der Arzt diese Rückfragen beantwortet kann dann nicht mehr, wie zuvor, für andere, abrechenbare Leistungen genutzt werden, sodass letztlich mittelbar eine Abrechnungseinbuße entstehen kann, obwohl die betreffende DiGA keine andere Abrechnungsposition unmittelbar ersetzt bzw. verdrängt. Einige

Kassenärztliche Vereinigungen fordern daher die Schaffung neuer Abrechnungspositionen für die Beantwortung von DiGA-Rückfragen.

Hinsichtlich einer möglichen Mehrbelastung der Krankenkassen ist das Bild
innerhalb der Ärzteschaft uneindeutig. Jeweils 47,6 % glauben an eine stärkere
Belastung bzw. Entlastung der GKV durch die Apps, während sich 4,8 % der
Stimme enthalten. Bei den Ärztekammern erwarten 40 % eine stärkere Belastung
und 20 % eine stärkere Entlastung der Krankenkassen, während weitere 40 %
meinen, dies nicht beurteilen zu können und an die Kassen verweisen. Bei den
kassenärztlichen Vereinigungen sind 50 % der Befragten der Auffassung, dass die
DiGA zu einer stärkeren Belastung führen, während 12,5 % von einer Entlastung
ausgehen.

Auch hier ist die Gruppe der Unentschlossenen mit 37,5 % jedoch groß und
gibt an, dass dies nicht verlässlich vorhergesagt werden könne oder dass eine
kurzfristige Mehrbelastung auch zu einer langfristigen Entlastung führen möge.
Die Frage der Be- oder Entlastung der GKV durch Einführung der DiGA kann
daher nicht abschließend beantwortet werden. Vielmehr sind sich die Befragten
uneinig oder zeigen sich offen unsicher, welche zukünftigen Entwicklungen hier
zu erwarten sind. Insofern ist eine verlässliche Prognose derzeit nicht möglich.

6.6   Praxisorientierte Anwendungsgebiete

Die befragten Ärzte geben die Behandlung von Bluthochdruck (4) allen anderen voran als praxisorientiertes Anwendungsgebiet an. Mit geringem Abstand
dazu werden die Diabetesüberwachung (3), die Therapie der Herzinsuffizienz (3),
die Dokumentation und Therapie von Migräneverläufen und Kopfschmerzen (3)
sowie die Ernährungsberatung und die Gewichtsreduktion z. B. bei Adipositas-
Patienten (3) als praxisorientierte Anwendungsfelder angegeben. Schließlich wird
auch die Tinnitus-Therapie (2) und die Schmerztherapie (2) mehrfach genannt.
Auffällig ist, dass alle mehrfach genannten praxisorientierten Anwendungs-
biete entweder ausschließlich oder vornehmlich in das Feld der Allgemeinmedizin
fallen.

In wenigen Fällen, wie etwa bei Herzinsuffizienz und Tinnitus sind zwar
Kardiologie und HNO betroffen, allerdings dürfte in beiden Fällen der stän-
dige Kontakt zum Hausarzt/Allgemeinmediziner dennoch einen wichtigen Teil
der Therapie dieser Krankheiten ausmachen, sodass dieser auch hier stark invol-
viert sein dürfte. Die genannten praxisorientierten Anwendungsgebiete festigen
daher weiter die bereits zuvor aufgestellte Vermutung, dass in näherer Zukunft

im Bereich der Allgemeinmedizin und im Tätigkeitsfeld der Hausärzte eine
zunehmende Anwendung der DiGA zu erwarten sein dürfte.

DiGA Zukunftspotenziale

7

7.1 Das positive Gesamtbild

Das **Gesamtbild** der Ärzteschaft, der Ärztekammern und der Kassenärztlichen Vereinigungen von den Digitalen Gesundheitsanwendungen ist grundsätzlich und insbesondere auch im Vergleich zur früheren Telemedizin-Debatte **positiv**. Die Umfrageteilnehmer erwarten eine stärkere Einbindung der DiGA im medizinischen Alltag und halten diese mehrheitlich auch für sinnvoll. Ein Grund für diese unterschiedliche Sicht auf digitale Gesundheitsanwendungen im Vergleich zur Telemedizin könnte sein, dass die Akzeptanz digitaler Technologien in unserer Gesellschaft schon innerhalb weniger Jahre stark gewachsen ist oder einfach gesagt, die Welt ist durch Zeitablauf einfach moderner geworden. Ein weiterer (und vermutlich durchschlagender) Grund mag zudem sein, dass durch die sogenannte „Online-Sprechstunde" wohl nur ein geringerer Satz abgerechnet werden konnte als durch eine „physischen Konsultation" des Arztes.

Eine Online-Sprechstunde ersetzt aber unmittelbar eine Sprechstunde in persona, sodass ein unmittelbarer Abrechnungsverlust für die Ärzte durch die Einführung telemedizinischer Maßnahmen drohte. Diese Situation gestaltet sich bei den DiGA anders. Hier erwartet kaum ein Umfrageteilnehmer die Verdrängung herkömmlicher Anwendungen durch den vermehrten Einsatz der DiGA, vielmehr wird mehrheitlich von einer bloßen Ergänzung ausgegangen. Somit droht den Ärzten auch kein unmittelbarer Abrechnungsverlust. Es wird lediglich die Gefahr wahrgenommen, dass im Zuge der Rezeptierung digitaler Gesundheitsanwendungen der Mehraufwand für den Arzt durch die damit zusammenhängende Patientenbetreuung steigt. Dies könnte höchstens zu sogenannten „mittelbaren Abrechnungseinbußen" führen. Damit wird hier definiert, dass eventuell durch vermehrte Rückfragen der Patienten zu einer verschriebenen DiGA bei ihrem Arzt nicht abrechenbar sind. Die Zeit, in welcher der Arzt diese Rückfragen beantwortet, kann allerdings nicht mehr, wie zuvor, für andere, abrechenbare Leistungen genutzt werden, sodass letztlich (mittelbar) doch eine Abrechnungseinbuße entstehen könnte. Aus diesem Grund wird (insofern konsequent) durch einige Kassenärztliche Vereinigungen die Schaffung neuer Abrechnungspositionen für die Beantwortung von DiGA-Rückfragen gefordert. Schließlich mag an dritter Stelle und mit Blick auf die jüngste Vergangenheit auch die Covid-19 Pandemie zu einer steigenden Akzeptanz digitaler Technologien im Gesundheitswesen beigetragen haben.

Durch die Pandemie wurde der Wert digitaler Technologien, die eine physische Anwesenheit mehrerer Personen an einem Ort entbehrlich machen, deutlich in den Fokus der Gesellschaft gerückt. Gerade im Gesundheitswesen, wo viele Personen aufgrund einer Vorerkrankung oder Exposition besonders gefährdet sind, dürfte deshalb ein großer Bedarf an „remote treatment" bestehen und dessen Akzeptanz stark gestiegen sein.

7.2   Der medizinische Nutzen

Die Relevanz eines (erwiesenen) **medizinischen Nutzens** der DiGA wird von allen befragten Personen und Institutionen betont, d. h. es verdeutlich sich ein Bild, wonach die Ärzteschaft hinsichtlich des medizinischen Nutzens wenig experimentierfreudig zu sein scheint. Die Kassenärztlichen Vereinigungen sehen insbesondere kritisch, dass der Nutzennachweis durch die Sozialversicherungsträger finanziert werden, wenn eine App vorläufig in das DiGA-Verzeichnis aufgenommen wird und damit auch auf Kosten der GKV verschrieben werden kann. Damit dürfte das oben gezeichnete positive Gesamtbild auf die DiGA projiziert werden, welche bereits einen Nutzennachweis erbringen konnten und deshalb endgültig in das Verzeichnis aufgenommen wurden.

Die Befragten stehen hingegen der vorläufigen Aufnahme grundsätzlich eher ablehnend gegenüber, da so der durch das Unternehmen geschuldete Nutzennachweis durch die Sozialversicherungen zumindest mitfinanziert werden und somit das Sozialversicherungssystem zusätzlich belastet wird. Dies ist vor dem Hintergrund zu betrachten, dass ohnehin schon nicht klar ist, ob die Sozialversicherungsträger durch die Einführung der DiGA stärker belastet werden. Zumindest weisen die Befragten in ihren Vermutungen eine Tendenz zur Mehrbelastung der GKV auf.

7.3   Hohe Anforderungen

Von vielen Ärzten werden **höhere als die aktuellen Anforderungen an Qualitäten oder Funktionalitäten der App** gefordert. Dies überrascht insofern als gerade in Bezug auf diese Punkte bereits hohe Anforderungen durch den Gesetz- und Verordnungsgeber aufgestellt worden sind. Auch ist eine vorläufige Aufnahme in das DiGA-Verzeichnis nicht möglich, wenn nicht alle Anforderungen an Qualität und Funktionalität durch die App erfüllt werden. Die Erprobungsphase dient allein dem Nachweis des medizinischen Nutzens. Diese Forderungen stehen freilich im Einklang mit der meistgenannten Befürchtung eines großen Mehraufwands durch Patientenrückfragen. Dem BMG und dem BfArM wären an dieser Stelle zwei Vorgehensweisen zu empfehlen.

Zunächst könnte eine Informationskampagne dafür Sorge tragen, den Ärzten die bestehenden und bereits hohen Anforderungen an Qualität und Funktionalität einer DiGA nahezubringen. Die Autorinnen konnten sich nämlich nicht des Eindrucks erwehren, dass diese der befragten Ärzteschaft womöglich nicht gar nicht bekannt gewesen sind.

Zum anderen wäre gegebenenfalls sinnvoll neue Abrechnungspositionen innerhalb der Gebührenordnung für Ärzte zu schaffen, welche die oben vorgestellten „mittelbaren Abrechnungseinbußen" verhindern. Hier könnten das BMG und das BfArM als Teil der Exekutive einen entsprechenden Gesetzesentwurf vorbereiten.

Die Einbeziehung eines solchen Entwurfs in die Informationskampagne könnte zudem für einen Abbau der Befürchtungen und zusätzliche Akzeptanz unter den Ärzten führen.

7.4   Digitale Kompetenz

Bei der **digitalen Kompetenz** sowohl der Ärzteschaft als auch (noch stärker) der Patientenschaft besteht noch Raum zur Verbesserung. Nichtsdestotrotz sind insofern keine derart gravierenden und flächendeckenden Defizite erkennbar, welche die Einführung digitaler Gesundheitsanwendungen im Allgemeinen unmöglich oder problematisch erscheinen ließen. Die digitale Kompetenz von Ärzten und Patienten erscheint vielmehr **für eine erfolgreiche Nutzung von DiGA hinreichend** gegeben zu sein.

7.5   Allgemeinmedizin

Allgemeinmedizin scheint zumindest **in näherer Zukunft das größte Anwendungsgebiet** für digitale Gesundheitsanwendungen zu sein. Dies ergibt sich sowohl daraus, dass die befragten Allgemeinmediziner den DiGA unter allen Fachrichtungen am positivsten gegenüberstehen und deren Einsatz in ihrem Fachgebiet einstimmig als sinnvoll empfinden. Als auch daraus, dass die mehrfach vorgeschlagenen praxisorientierten Anwendungsgebiete alle entweder Teil der Allgemeinmedizin sind oder zumindest den Hausarzt/Allgemeinmediziner bei der langfristigen Behandlung des Patienten stark einbeziehen. Abb. 7.1. zeigt die wichtigsten Ergebnisse.

7.6   Empfehlungen

Abschließend soll nun in Ansehung der ausgewerteten Umfrage und mit Blick auf den Stakeholder-Ansatz die oben aufgeworfene Forschungsfrage beantwortet und zugleich Empfehlungen für einen erfolgreichen Umgang mit den untersuchten Stakeholder-Interessen ausgesprochen werden.

In Rückanbindung an die Forschungsfrage, ob sich DiGA in Zukunft in Deutschland etablieren oder ob sie gegebenenfalls am Widerstand der Ärzteschaft oder an ihrem Unvermögen scheitern werden, kann also festgehalten werden, dass eine Etablierung überwiegend wahrscheinlich sein dürfte. Widerstand und Unvermögen der Ärzteschaft sind zumindest nicht in größerem Umfang zu erwarten. Die Ärzte sind grundsätzlich dieser Neuentwicklung gegenüber aufgeschlossen und sehen dies positiv. Außerdem sehen sie sich und ihre Patienten dazu in der Lage, mit den Kompetenz-Anforderungen der Apps umzugehen. Es darf davon

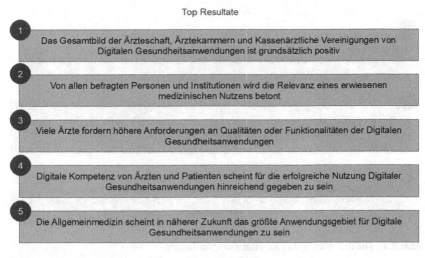

Top Resultate

1 Das Gesamtbild der Ärzteschaft, Ärztekammern und Kassenärztliche Vereinigungen von Digitalen Gesundheitsanwendungen ist grundsätzlich positiv

2 Von allen befragten Personen und Institutionen wird die Relevanz eines erwiesenen medizinischen Nutzens betont

3 Viele Ärzte fordern höhere Anforderungen an Qualitäten oder Funktionalitäten der Digitalen Gesundheitsanwendungen

4 Digitale Kompetenz von Ärzten und Patienten scheint für die erfolgreiche Nutzung Digitaler Gesundheitsanwendungen hinreichend gegeben zu sein

5 Die Allgemeinmedizin scheint in näherer Zukunft das größte Anwendungsgebiet für Digitale Gesundheitsanwendungen zu sein

Abb. 7.1   Die fünf wichtigsten Resultate dieser Studie

ausgegangen werden, dass das zuvor Gesagte insbesondere im Bereich der Allgemeinmedizin zutrifft und dort auch die größten Wachstumschancen für DiGA zu verorten sind.

Im Sinne eines aktiven Stakeholder-Managements durch den Staat könnten allerdings bereits jetzt schon proaktiv drei potentielle Problemfelder in den Blick genommen werden (Assessment).

Erstens legt die Ärzteschaft sehr großen Wert auf den erwiesenen medizinischen Nutzen einer DiGA. Dass Apps, deren Nutzen bisher nicht erwiesen ist, die Periode des Nutzennachweises durch den Sozialversicherungsträger finanzieren lassen können, stößt innerhalb der Ärzteschaft vermehrt auf Unverständnis. Der Staat könnte zur Vorbeugung potenziellen Widerstandes daher erwägen, die Möglichkeiten einer vorläufigen Aufnahme in das DiGA-Verzeichnis zu begrenzen oder mit höheren Anforderungen, wie etwa finanzieller Kompensation der GKV im Falle der Nichterweislichkeit, zu verknüpfen.

Zweitens sollte der Staat durch das BMG und das BfArM den Ärzten gegenüber klar seine hohen Anforderungen an Qualität und Funktionalität der digitalen Gesundheitsanwendungen kommunizieren. Dafür würde sich etwa eine breit angelegte Informationskampagne eignen, wobei hier bereits erwägt werden kann, ob Hausärzte/Allgemeinmediziner herausgehoben angesprochen werden sollten.

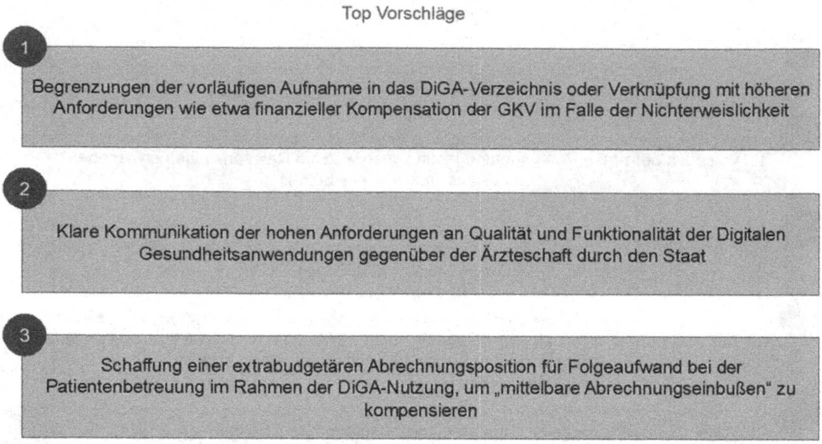

Top Vorschläge

1

Begrenzungen der vorläufigen Aufnahme in das DiGA-Verzeichnis oder Verknüpfung mit höheren Anforderungen wie etwa finanzieller Kompensation der GKV im Falle der Nichterweislichkeit

2

Klare Kommunikation der hohen Anforderungen an Qualität und Funktionalität der Digitalen Gesundheitsanwendungen gegenüber der Ärzteschaft durch den Staat

3

Schaffung einer extrabudgetären Abrechnungsposition für Folgeaufwand bei der Patientenbetreuung im Rahmen der DiGA-Nutzung, um „mittelbare Abrechnungseinbußen" zu kompensieren

Abb. 7.2   Die drei wichtigsten Handlungsempfehlungen

Drittens sollte der Staat (genauer: die Bundesregierung durch das BMG) erwägen, die Gefahr der sogenannten „mittelbaren Abrechnungseinbußen" durch Schaffung einer extrabudgetären Abrechnungsposition für Folgeaufwand bei der Patientenbetreuung im Rahmen der DiGA-Nutzung zu neutralisieren. Damit durchbräche er den letzten zu erwartenden Widerstand der Ärzteschaft und gewänne Sympathien auf Seiten derjenigen Personen, von deren Rezeptierungs-freudigkeit letztlich das gesamte Konzept digitaler Gesundheitsanwendungen abhängt. Abb. 7.2 zeigt die Handlungsempfehlungen.

Allerdings ist zu berücksichtigen, dass im Rahmen dieser Studie lediglich *eine* spezifische Herausforderung der Marktdurchdringung von DiGA mit Blick auf *eine* Stakeholder-Gruppe untersucht wurde. Wie oben beschrieben, ist es aller-dings nicht zielführend, jeweils eine Strategie einer Unternehmung mit Blick auf jeden einzelnen Stakeholder zu erstellen, sondern es sind alle Stakeholder-Interessen in einer integrierten Strategie zu berücksichtigen. In der Folge muss eben nicht notwendigerweise stets eine Win–Win-Situation entstehen. Deshalb können die Maßnahmenangebote an den Staat im Rahmen des Assessments hier nur als Gedankenanstöße verstanden werden. Ob diese im Rahmen einer integrierten Strategie Bestand haben, ist dagegen eine andere Frage. Diese Stu-die maßt sich nicht an, eine vollständige Stakeholder-Strategie für den Gesetz- und Verordnungsgeber vorzuschlagen, sondern untersucht vielmehr punktuell die spezifischen Gefahren durch einen möglichen Widerstand der Ärzteschaft.

Die vorgestellte Studie konnte daher aufzeigen, dass kein nennenswerter Widerstand bei der Etablierung von DiGA durch die Ärzte als Stakeholder zu befürchten ist, sondern auch präventiv bzw. prophylaktisch darauf hinweisen, welche Maßnahmen anzuraten sein könnten, um diese Situation für die Zukunft zu stabilisieren und zu optimieren.

Was Sie aus diesem *essential* mitnehmen können

- Ein umfassendes Verständnis über die Grundprinzipien, Akteure und die sozialwirtschaftliche Bedeutung des deutschen Gesundheitssystems.
- Einblicke in die Herausforderungen der operativen Umsetzung des Digitale-Versorgung-Gesetzes.
- Gründliche Kenntnisse über führende Meinungen, Einstellungen und Präferenzen der Ärzteschaft zu DiGA.
- Kompaktwissen über Richtlinien, digitale Kompetenzen sowie die Bereitschaft zur Digitalisierung des deutschen Gesundheitswesen.

© Der/die Herausgeber bzw. der/die Autor(en), exklusiv lizenziert durch Springer Fachmedien Wiesbaden GmbH, ein Teil von Springer Nature 2021
C. Friesendorf und S. Lüttschwager, *Digitale Gesundheitsanwendungen,* essentials, https://doi.org/10.1007/978-3-658-33983-8

Printed in the United States
by Baker & Taylor Publisher Services